Direito e Processo do Trabalho Contemporâneos

— Reforma do Novo CPC (Lei n. 13.256/2016)
— Sentença criminal e responsabilidade trabalhista
— Tutela jurisdicional metaindividual e direitos heterogêneos
— Previdência Social e incapacidade para o trabalho
— Direitos da personalidade na relação de emprego
— Trabalho decente e direitos sociais

Gustavo Filipe Barbosa Garcia

Livre-Docente pela Faculdade de Direito da Universidade de São Paulo. Doutor em Direito pela Faculdade de Direito da Universidade de São Paulo. Especialista em Direito pela Universidad de Sevilla. Pós-Doutorado em Direito pela Universidad de Sevilla. Professor Titular do Centro Universitário do Distrito Federal — UDF. Professor da Faculdade de Direito da Universidade Presbiteriana Mackenzie. Advogado e Consultor Jurídico. Foi Juiz do Trabalho das 2ª, 8ª e 24ª Regiões. Ex-Procurador do Trabalho do Ministério Público da União (sempre por concurso público — 1º colocado). Ex-Auditor-Fiscal do Trabalho. Membro da Academia Brasileira de Direito do Trabalho, Titular da Cadeira 27. Membro Pesquisador do IBDSCJ. Membro de Conselhos Editoriais de diversas Revistas e Periódicos especializados na área do Direito. Autor de diversos livros, estudos e artigos jurídicos. Site: www.gustavogarcia.adv.br Facebook: GustavoFilipeBarbosaGarcia E-mail: gustavofbg@yahoo.com.br

Direito e Processo do Trabalho Contemporâneos

— Reforma do Novo CPC (Lei n. 13.256/2016)
— Sentença criminal e responsabilidade trabalhista
— Tutela jurisdicional metaindividual e direitos heterogêneos
— Previdência Social e incapacidade para o trabalho
— Direitos da personalidade na relação de emprego
— Trabalho decente e direitos sociais

EDITORA LTDA.
© Todos os direitos reservados

Rua Jaguaribe, 571
CEP 01224-003
São Paulo, SP — Brasil
Fone (11) 2167-1101
www.ltr.com.br
Maio, 2016

Produção Gráfica e Editoração Eletrônica: R. P. TIEZZI
Projeto de Capa: FABIO GIGLIO
Impressão: PIMENTA

Versão impressa — LTr 5488.9 — ISBN 978-85-361-8830-0
Versão digital — LTr 8931.3 — ISBN 978-85-361-8823-2

Dados Internacionais de Catalogação na Publicação (CIP)
(Câmara Brasileira do Livro, SP, Brasil)

Garcia, Gustavo Filipe Barbosa

Direito e processo do trabalho contemporâneos / Gustavo Filipe Barbosa Garcia. — São Paulo : LTr, 2016.

Bibliografia.

1. Direito do trabalho 2. Direito processual do trabalho I. Título.

16-02755   CDU-34:331(81)

Índice para catálogo sistemático:
1. Brasil : Direito do trabalho 34:331(81)

"O Senhor é o meu refúgio. Fizeste do Altíssimo a tua morada."
(Sl. 91:9)

Sumário

Prefácio 11

Notas prévias do autor 15

Capítulo 1. Lei n. 13.256/2016 e Reforma do Novo Código de Processo Civil: Juízo de Admissibilidade dos Recursos no Processo do Trabalho

1. Introdução 17
2. Lei n. 13.256/2016 e modificações no CPC de 2015 18
3. Pressupostos recursais 20
4. Recurso ordinário 22
5. Recurso de revista 24
6. Embargos no TST 25
7. Recurso extraordinário 26
8. Conclusão 29
9. Bibliografia 30

Capítulo 2. Sentença Criminal e Seus Efeitos na Responsabilidade Trabalhista

1. Introdução 31
2. Jurisdição e competência 32

3. Responsabilidade criminal e civil 33
4. Reflexos da decisão penal na esfera trabalhista 33
5. Suspensão do processo do trabalho 39
6. Conclusão 40
7. Bibliografia 41

Capítulo 3. Tutela Jurisdicional Metaindividual Trabalhista e Direitos Heterogêneos

1. Introdução 42
2. Origem das ações coletivas 43
3. Modalidades de direitos metaindividuais 44
4. Sistema de tutela jurisdicional dos direitos metaindividuais 47
5. Direitos heterogêneos 47
6. Conclusão 50
7. Bibliografia 50

Capítulo 4. Direitos da Personalidade do Empregado e Limites do Poder de Direção do Empregador

1. Introdução 52
2. Direitos de personalidade: conceituação 53
3. Natureza dos direitos da personalidade 53
4. Titularidade dos direitos da personalidade 54
5. Previsão constitucional dos direitos da personalidade 54
6. Características dos direitos da personalidade 56
7. Classificação dos direitos da personalidade 58
8. Poder de direção do empregador 60
9. Poder de direção e direitos da personalidade 60
10. Conclusão 62
11. Bibliografia 63

Capítulo 5. Incapacidade para o Trabalho Atestada pela Empresa de Empregado Considerado Apto pela Previdência Social

1. Introdução 64
2. Auxílio-doença 65
3. Suspensão e interrupção do contrato de trabalho 66
4. Empregado considerado apto pela Previdência Social 67
5. Bibliografia 69

Capítulo 6. Trabalho Decente na Organização Internacional do Trabalho e Direitos Fundamentais Sociais no Estado Democrático de Direito

1. Introdução 70
2. Organização Internacional do Trabalho 71
3. Trabalho decente 72
4. Estado Democrático de Direito e direitos sociais 74
5. Direitos humanos e direitos fundamentais nas relações de trabalho 76
6. Declaração da OIT relativa aos princípios e direitos fundamentais no trabalho 77
7. Declaração da OIT sobre a justiça social para uma globalização equitativa 81
8. Conclusão 84
9. Bibliografia 85

PREFÁCIO

O jovem jurista paulista Gustavo Filipe Barbosa Garcia convida-me a prefaciar sua mais nova obra, *Direito e Processo do Trabalho Contemporâneos*, e com grande satisfação aceitei o honroso chamamento, porquanto se trata de um dos mais respeitados, produtivos e admirados juristas de nosso país.

Sua carreira profissional é brilhante. Foi magistrado de 1º grau em três regiões trabalhistas distintas, inclusive na minha 8ª Região, aprovado em concurso público. Por essa mesma via, foi Auditor Fiscal do Trabalho e Procurador do Trabalho do Ministério Público da União. Hoje, dedica-se à advocacia e à atividade acadêmica, e nesta se destaca como um dos autores de maior bibliografia trabalhista especializada, sendo, por igual, Livre-Docente e Doutor em Direito pelas Arcadas de São Francisco, da Universidade de São Paulo, Especialista e Pós-Doutor em Direito pela Universidad de Sevilla (Espanha). E, acrescente-se, é professor do Centro Universitário do Distrito Federal — UDF e da Faculdade de Direito da Universidade Presbiteriana Mackenzie.

Tenho a grata satisfação de tê-lo dentre meus confrades na Academia Brasileira de Direito do Trabalho, sem dúvida o mais importante centro de estudos de nossa disciplina comum no Brasil, onde ocupa a Cadeira n. 27.

Nesta nova obra, Gustavo Filipe reúne meia dúzia de importantes estudos sobre temas atuais de direito material e processual, apresentados de forma clara, objetiva e extremamente didática, apesar da complexidade dos assuntos tratados.

No primeiro deles, cuida do *novo Código de Processo Civil (e da Lei n. 13.256/2016)*, que começa a viger neste mês de março, no que respeita à sua aplicação supletiva (art. 769 da CLT) no tratamento do juízo de admissibilidade dos recursos no processo do trabalho.

Em seguida, trata da *sentença criminal e seus efeitos na responsabilidade trabalhista*, e não devemos esquecer que somente aquela transitada em julgado produzirá efeitos nas decisões tomadas no âmbito da Justiça do Trabalho.

Ao abordar a *tutela jurisdicional metaindividual trabalhista e os direitos heterogêneos*, permite que se faça incursões sobre esse sistema novo de exercício de jurisdição, analisando a tutela preventiva e reparatória tanto dos direitos individuais homogêneos, objeto de seu estudo, como dos direitos difusos e coletivos.

O tema seguinte estuda os *direitos da personalidade do empregado e limites do poder de direção do empregador*. Nele, aborda os conflitos na relação entre patrão e empregado, e até onde o comando deve ser obedecido, sem que a cobrança dessa observância represente um assédio moral ao trabalhador.

O capítulo V desta obra é dedicado à *incapacidade para o trabalho atestada pela empresa de empregado considerado apto pela Previdência Social*. O tema é bastante polêmico e vem, há algum tempo, sendo objeto de apreciação pela jurisprudência brasileira. Julgados mais recentes do Tribunal Superior do Trabalho têm entendido que, em situação dessa natureza, está caracterizada rescisão indireta do contrato de trabalho, como no caso "Metropolitana *vs.* Albuquerque", julgado em 28.5.2014 (Relator: Min. Alberto Luiz Bresciani de Fontan Pereira)[1], da mesma forma como quando o empregado, recebendo alta da previdência social, não é aceito em outra atividade na empresa, dando ao trabalhador direito à indenização por danos morais, consoante decidido no caso "Norfil *vs.* Santos", julgado em 8.5.2015 (Relator: Ministro Hugo Carlos Scheuermann)[2].

Finalmente, esta obra termina com um estudo acerca do *trabalho decente na Organização Internacional do Trabalho e direitos fundamentais sociais no Estado Democrático de Direito*. Trata-se, na minha visão, de um assunto extremamente delicado e ao qual a OIT tem dedicado grande atenção, inclusive quanto aos problemas de exploração de mão de obra em decorrência da crescente mobilidade humana, que emerge, especialmente, a partir dos grandes fluxos migratórios que ocorrem nos últimos tempos, especialmente na Europa (os ingressos de refugiados do Oriente), e também no Brasil (os migrantes haitianos, por exemplo). Em seu texto, traça diversas considerações inclusive sobre importantes declarações aprovadas no âmbito da OIT no sentido de preservar a dignidade da pessoa humana na atividade laboral.

---

(1) Proc. TST-3ª T. — AIRR-59-31.2012.5.06.0145. Disponível em: <http://aplicacao4.tst.jus.br/consultaProcessual/consultaTstNumUnica.do?consulta=Consultar&conscsjt=&numeroTst=59&digitoTst=31&anoTst=2012&orgaoTst=5&tribunalTst=06&varaTst=0145&submit=Consultar>. Acesso em: 5.3.2016.

(2) Proc. TST-1ª T. — AIRR-85300-15.2010.5.13.0026. Disponível em: <http://aplicacao4.tst.jus.br/consultaProcessual/consultaTstNumUnica.do?consulta=Consultar&conscsjt=&numeroTst=85300&digitoTst=15&anoTst=2010&orgaoTst=5&tribunalTst=13&varaTst=0026&submit=Consultar>. Acesso em: 5.3.2016.

Desses breves comentários, resulta induvidoso que são todos assuntos polêmicos e controvertidos, e esta obra de Gustavo Filipe Barbosa Garcia vem lançar luzes de esclarecimentos às muitas dúvidas que possam existir. Trata-se, apenas, de mais um fruto de sua criação intelectual fantástica, de singular utilidade nesses momentos de grandes mudanças no mundo, no país e no Direito. Outras, muitas outras obras, certamente hão de vir. Esta é mais um fruto de sua privilegiada inteligência, e todos os que tiverem a oportunidade de ler as páginas que seguem irão haurir excelente aprendizado.

Belém, 6 de março de 2016.

Georgenor de Sousa Franco Filho
Desembargador do Trabalho de carreira do TRT da 8ª Região, Doutor em Direito Internacional pela Faculdade de Direito da Universidade de São Paulo, Doutor Honoris causa *e Professor Titular de Direito Internacional e do Trabalho da Universidade da Amazônia, Presidente Honorário da Academia Brasileira de Direito do Trabalho e Membro da Academia Paraense de Letras.*

Notas Prévias do Autor

A presente obra tem como objetivo reunir estudos mais recentes sobre temas de destaque no Direito Processual do Trabalho, bem como no Direito do Trabalho, com ênfase nos direitos constitucionais e sociais.

Nesse enfoque, são examinadas as *principais modificações* no Código de Processo Civil de 2015 decorrentes da Lei n. 13.256/2016, notadamente quanto ao *juízo de admissibilidade dos recursos no processo do trabalho*.

Do mesmo modo, analisa-se a questão da *sentença criminal* e os seus efeitos na responsabilidade trabalhista.

A *tutela jurisdicional metaindividual* é objeto de reflexão sobre a adequação de sua incidência quanto aos *direitos heterogêneos*.

No âmbito do Direito do Trabalho, enfoca-se a temática dos *direitos da personalidade* do empregado e os limites do poder de direção do empregador, bem como se propõe solução para a questão envolvendo a *incapacidade ao trabalho* atestada pela empresa de empregado considerado apto pela Previdência Social.

Nos planos constitucional e internacional, por sua vez, propõe-se sistematizar a disciplina do *trabalho decente* na OIT e o tratamento dos *direitos fundamentais sociais* no Estado Democrático de Direito.

A temática, por ser relevante e complexa, justifica a análise pormenorizada para a sua devida compreensão, em consonância com a evolução do sistema jurídico.

Espera-se, assim, que esta obra possa contribuir para o aprimoramento jurídico e científico dos institutos processuais e trabalhistas.

Gustavo Filipe Barbosa Garcia

Capítulo 1

Lei n. 13.256/2016 e Reforma do Novo Código de Processo Civil: Juízo de Admissibilidade dos Recursos no Processo do Trabalho

Sumário: 1. Introdução; 2. Lei n. 13.256/2016 e modificações no CPC de 2015; 3. Pressupostos recursais; 4. Recurso ordinário; 5. Recurso de revista; 6. Embargos no TST; 7. Recurso extraordinário; 8. Conclusão; 9. Bibliografia.

1. Introdução

Antes mesmo da entrada em vigor do Código de Processo Civil de 2015, a Lei n. 13.256, de 4 de fevereiro de 2016, publicada no *Diário Oficial da União* de 5.2.2016, modificou importantes dispositivos do referido diploma legal.

A Lei n. 13.256/2016 entra em vigor no início da vigência da Lei n. 13.105, de 16 de março de 2015, que instituiu o Novo Código de Processo Civil.

Cabe examinar, no presente capítulo, as principais alterações relativas ao juízo de admissibilidade do recurso extraordinário e sua incidência no processo do trabalho.

Antes disso, inicialmente, vejamos as mudanças de maior destaque decorrentes da Lei n. 13.256/2016, bem como o processamento do recurso ordinário, do recurso de revista e dos embargos no TST, para que se possa verificar se houve reflexos também quanto ao exame dos pressupostos recursais desses apelos.

2. Lei n. 13.256/2016 e modificações no CPC de 2015

Com a Lei n. 13.256/2016, entre outras modificações no Código de Processo Civil de 2015, a ordem cronológica de conclusão aos juízes e tribunais para proferir sentença ou acórdão passou a ser apenas *preferencial* (art. 12), o mesmo ocorrendo quanto à ordem cronológica de recebimento ao escrivão ou ao chefe de secretaria para publicação e efetivação dos pronunciamentos judiciais (art. 153).

No que tange ao cumprimento de sentença que reconheça a exigibilidade de *obrigação de fazer ou de não fazer*, o art. 537, § 3º, do CPC de 2015, com redação dada pela Lei n. 13.256/2016, passou a prever que a decisão que fixa a multa é passível de cumprimento provisório, devendo ser depositada em juízo, *permitido o levantamento do valor somente após o trânsito em julgado da sentença favorável à parte*.

Essa previsão também é aplicável ao cumprimento de sentença que reconheça a exigibilidade de *obrigação de entregar coisa*, tendo em vista o disposto no art. 538, § 3º, do CPC de 2015.

A respeito da ordem dos processos no tribunal, foi *revogado* o art. 945 do CPC de 2015, que estabelecia, a critério do órgão julgador, a possibilidade de realizar, *por meio eletrônico*, o julgamento dos recursos e dos processos de competência originária que não admitem sustentação oral.

Ademais, foi acrescentado o § 5º ao art. 966 do CPC de 2015, dispondo que cabe ação rescisória, com fundamento no art. 966, *caput*, inciso V, do mesmo diploma legal (violação manifesta de norma jurídica), *contra decisão baseada em enunciado de súmula ou acórdão proferido em julgamento de casos repetitivos que não tenha considerado a existência de distinção entre a questão discutida no processo e o padrão decisório que lhe deu fundamento*.

Quando a ação rescisória fundar-se nessa hipótese, cabe ao autor, sob pena de *inépcia*, demonstrar, fundamentadamente, tratar-se de situação particularizada por hipótese fática distinta ou de questão jurídica não examinada, a impor outra solução jurídica (art. 966, § 6º, acrescentado pela Lei n. 13.256/2016).

Houve ainda mudanças quanto à *reclamação*, que passou a ser cabível, por iniciativa da parte interessada ou do Ministério Público, para: I — preservar a competência do tribunal; II — garantir a autoridade das decisões do tribunal; III — garantir a observância de enunciado de súmula vinculante e de decisão do Supremo Tribunal Federal em controle concentrado de constitucionalidade; IV — garantir a observância de acórdão proferido em julgamento de incidente de resolução de demandas repetitivas ou de incidente de assunção de competência (art. 988 do CPC de 2015, incisos III e IV, com redação dada pela Lei n. 13.256/2016).

Passou-se a considerar inadmissível a reclamação não apenas quando proposta após o trânsito em julgado da decisão reclamada[3], mas também se proposta para garantir a observância de acórdão de recurso extraordinário com repercussão geral reconhecida ou de acórdão proferido em julgamento de recursos extraordinário ou especial (isto é, recurso de revista no processo trabalhista) repetitivos, *quando não esgotadas as instâncias ordinárias* (art. 988, § 5º, do CPC de 2015, com redação dada pela Lei n. 13.256/2016).

Em conformidade com o art. 1.029, § 5º, do CPC de 2015, com redação dada pela Lei n. 13.256/2016, o *pedido de concessão de efeito suspensivo* a recurso extraordinário ou a recurso especial pode ser formulado por requerimento dirigido:

I — *ao tribunal superior respectivo*, no período compreendido entre a publicação da decisão de admissão do recurso e sua distribuição, ficando o relator designado para seu exame prevento para julgá-lo;

II — *ao relator*, se já distribuído o recurso;

III — *ao presidente ou ao vice-presidente do tribunal recorrido*, no período compreendido entre a interposição do recurso e a publicação da decisão de admissão do recurso, assim como no caso de o recurso ter sido sobrestado, nos termos do art. 1.037, que trata do julgamento dos recursos extraordinário e especial repetitivos.

O art. 1.035, § 3º, do CPC de 2015, por seu turno, dispõe que haverá *repercussão geral* sempre que o recurso (extraordinário) impugnar acórdão que: I — contrarie súmula ou jurisprudência dominante do Supremo Tribunal Federal; II — revogado; III — tenha reconhecido a inconstitucionalidade de tratado ou de lei federal, nos termos do art. 97 da Constituição Federal.

Sendo assim, foi *revogado* pela Lei n. 13.256/2016 o inciso II do § 3º do art. 1.035 do CPC de 2015, que previa a existência de repercussão geral "sempre que o recurso impugnar acórdão que tenha sido proferido em julgamento de casos repetitivos".

Cabe esclarecer que do julgamento do mérito do incidente de resolução de demandas repetitivas cabe recurso especial (de revista, no processo do trabalho)

---

(3)   Cf. Súmula n. 734 do STF: "Não cabe reclamação quando já houver transitado em julgado o ato judicial que se alega tenha desrespeitado decisão do Supremo Tribunal Federal".

ou recurso extraordinário (ao STF), conforme o caso (art. 987 do CPC de 2015). O recurso em questão tem efeito suspensivo, presumindo-se a repercussão geral de questão constitucional eventualmente discutida. No processo do trabalho, do julgamento do mérito do incidente cabe recurso de revista para o Tribunal Superior do Trabalho, dotado de efeito meramente devolutivo, nos termos dos arts. 896 e 899 da CLT (art. 8°, § 2º, da Instrução Normativa n. 39/2016 do TST).

Desse modo, o art. 987, § 1º, do CPC de 2015 trata de mera *presunção* de repercussão geral.

O art. 1.035, § 3º, do CPC de 2015, acima indicado, diversamente, dispõe sobre certeza de existência de repercussão geral.

Com a Lei n. 13.256/2016, que revogou o art. 1.035, § 3º, inciso II, do CPC de 2015, deixou de haver certeza de repercussão geral se o recurso extraordinário impugnar acórdão que tiver sido proferido em recurso especial (recurso de revista no processo do trabalho) repetitivo.

Frise-se que, segundo o art. 928 do CPC de 2015, considera-se julgamento de casos repetitivos a decisão proferida em incidente de resolução de demandas repetitivas e em recursos especial e extraordinário repetitivos. Como se pode notar, "incidente de resolução de demandas repetitivas" não é exatamente o mesmo que "julgamento de casos repetitivos", por ser essa última expressão mais ampla.

Sendo assim, entende-se que a *presunção de repercussão geral em incidente de resolução de demandas repetitivas* não foi revogada pela Lei n. 13.256/2016 e, portanto, permanece no sistema processual.

3. Pressupostos recursais

O juízo de admissibilidade dos recursos é essencial ao conhecimento do apelo pelo juízo *ad quem*.

Quando os pressupostos recursais também são verificados pelo juízo *a quo* (ou seja, que proferiu a decisão impugnada), observa-se o processamento ou não do recurso[4].

No juízo de admissibilidade são examinados os requisitos ou pressupostos para que se possa apreciar o mérito do recurso[5].

Cabe observar, ademais, a diferença entre mérito do recurso e mérito da causa.

---

(4)   Cf. GARCIA, Gustavo Filipe Barbosa. *Curso de direito processual do trabalho*. 4. ed. Rio de Janeiro: Forense, 2015. p. 577-578.
(5)   Cf. NERY JUNIOR, Nelson. *Teoria geral dos recursos*. 7. ed. São Paulo: RT, 2014. p. 239.

Nesse sentido, como explica José Carlos Barbosa Moreira:

"(...) não raro o objeto do recurso consubstancia questão resolvida, na instância inferior, como *preliminar* ao juízo de mérito, e relativa, exatamente, à presença ou ausência de um pressuposto processual ou de uma 'condição da ação'. Quer isso dizer que determinada questão, com a passagem de um a outro grau de jurisdição, pode deslocar-se do terreno das *preliminares*, onde se inscrevia, para vir a constituir, no procedimento recursal, o próprio *mérito*: é o que sucede, por exemplo, na apelação interposta contra a sentença que declara o autor carecedor de ação. Em suma: o mérito, no recurso, não coincide necessariamente com o mérito *da causa*, nem preliminares *do recurso* se identificam com as preliminares *da causa*."[6]

Logo, antes de examinar o mérito do recurso, é necessário verificar, no juízo de admissibilidade, se estão presentes os pressupostos recursais.

Nos termos do art. 938 do CPC de 2015, a questão preliminar suscitada no julgamento deve ser decidida antes do mérito, deste não se conhecendo caso seja incompatível com a decisão.

Constatada a ocorrência de vício sanável, inclusive aquele que possa ser conhecido de ofício, o relator deve determinar a realização ou a renovação do ato processual, no próprio tribunal ou em primeiro grau de jurisdição, intimadas as partes. Cumprida a diligência, o relator, sempre que possível, deve prosseguir no julgamento do recurso.

A respeito do tema, como salienta Cândido Rangel Dinamarco, "em alguns casos é possível *sanar o procedimento* mediante realização do ato omitido ou repetição do nulo"[7].

Reconhecida a necessidade de produção de prova, o relator deve converter o julgamento em diligência, que se realizará no tribunal ou em primeiro grau de jurisdição, decidindo-se o recurso após a conclusão da instrução.

Quando não determinadas pelo relator, as providências indicadas acima podem ser determinadas pelo órgão competente para julgamento do recurso.

Se a preliminar for rejeitada ou se a apreciação do mérito for com ela compatível, seguir-se-ão a discussão e o julgamento da matéria principal, sobre a qual devem se pronunciar os juízes vencidos na preliminar (art. 939 do CPC de 2015).

---

(6) BARBOSA MOREIRA, José Carlos. *Comentários ao código de processo civil*. 8. ed. Rio de Janeiro: Forense, 1999. v. 5, p. 259-260, destaques do original.
(7) DINAMARCO, Cândido Rangel. *Instituições de direito processual civil*. São Paulo: Malheiros, 2001. v. 2, p. 601, destaques do original.

Os pressupostos recursais podem ser classificados em subjetivos e objetivos[8].

Os pressupostos recursais subjetivos são: a legitimidade, a capacidade e o interesse.

Os pressupostos recursais objetivos são: a recorribilidade do ato, a previsão legal do recurso, a adequação (cabimento), a inexistência de fato extintivo ou impeditivo de recorrer, bem como, considerados requisitos extrínsecos, a tempestividade, a regularidade formal, a regularidade de representação e o preparo.

Em classificação distinta, são normalmente considerados pressupostos recursais *intrínsecos* o cabimento, a legitimação, o interesse e a inexistência de fato impeditivo ou extintivo do direito de recorrer. São pressupostos recursais *extrínsecos*, por sua vez, a tempestividade, a regularidade formal e o preparo[9].

No juízo de mérito do recurso, o qual só ocorre quando presentes os pressupostos recursais, o juízo *ad quem* dá provimento ou nega provimento.

Desse modo, em caso de *error in judicando*, reforma-se a decisão. Se a hipótese for de *error in procedendo*, ocorre a invalidação da decisão.

4. Recurso ordinário

No processo do trabalho, o *recurso ordinário* é cabível, no prazo de oito dias, para impugnar sentenças definitivas (de mérito) e terminativas, proferidas pelas Varas do Trabalho (ou Juízos de Direito no exercício da jurisdição trabalhista), nos termos do art. 895, inciso I, da CLT.

Nessa hipótese, o julgamento do recurso é de competência do Tribunal Regional do Trabalho.

O recurso ordinário é interposto perante o juízo *a quo*, de primeiro grau, aplicando-se o art. 1.010, *caput*, do CPC de 2015 (sobre a apelação), ou seja, no caso em estudo, perante a Vara do Trabalho.

Uma vez interposto o recurso ordinário, o juiz deve dar vista ao recorrido para responder, isto é, para apresentar contrarrazões (art. 1.010, § 1º, do CPC).

---

(8)   Cf. GRECO FILHO, Vicente. *Direito processual civil brasileiro*. 20. ed. São Paulo: Saraiva, 2009. v. 2, p. 303.
(9)   Cf. BARBOSA MOREIRA, José Carlos. *Comentários ao código de processo civil*. 8. ed. Rio de Janeiro: Forense, 1999. v. 5, p. 260. Cf. ainda BEDAQUE, José Roberto dos Santos. Apelação: questões sobre admissibilidade e efeitos. In: NERY JR., Nelson; WAMBIER, Teresa Arruda Alvim (coord.). *Aspectos polêmicos e atuais dos recursos cíveis e de outros meios de impugnação às decisões judiciais*. São Paulo: RT, 2003. p. 437.

Se o recorrido interpuser recurso ordinário adesivo, o juiz deve intimar o recorrente para apresentar contrarrazões (art. 1.010, § 2º, do CPC).

Com a subida dos autos ao TRT, os pressupostos recursais são examinados pelo juízo *ad quem*, que conhece ou não do recurso ordinário.

O art. 1.010, § 3º, do CPC determina que, após as formalidades previstas nos §§ 1º e 2º do art. 1.010 do CPC, acima indicadas, os autos devem ser remetidos ao tribunal pelo juiz, *independentemente de juízo de admissibilidade*.

Logo, com o CPC de 2015, não cabe mais ao juízo de primeiro grau examinar os pressupostos recursais da *apelação*, nem negar-lhe seguimento[10], o que não foi modificado pela Lei n. 13.256/2016.

Não obstante, de acordo com o art. 2º, inciso XI, da Instrução Normativa 39/2016 do TST, que dispõe sobre as normas do Código de Processo Civil de 2015 aplicáveis e inaplicáveis ao Processo do Trabalho, de forma não exaustiva, *não se aplica ao Processo do Trabalho*, em razão de inexistência de omissão ou por incompatibilidade, *o art. 1.010, § 3º, do CPC de 2015* (sobre a desnecessidade de o juízo a quo exercer controle de admissibilidade na apelação).

Com isso, prevaleceu o entendimento de que o juízo *a quo* continua verificando, inicialmente, os pressupostos de admissibilidade do recurso ordinário no processo do trabalho.

Além disso, o art. 895, inciso II, da CLT prevê o cabimento do recurso ordinário, também no prazo de oito dias, "das decisões definitivas ou terminativas dos Tribunais Regionais, em processos de sua competência originária", nos dissídios individuais e nos dissídios coletivos.

Nessas situações, o recurso ordinário é interposto perante o TRT, que efetua o seu processamento (verificando inicialmente os pressupostos recursais) e a posterior remessa ao Tribunal Superior do Trabalho. Este, figurando como juízo *ad quem*, examina os pressupostos recursais, para conhecer ou não do recurso ordinário.

Isso é confirmado pela Lei n. 7.701/1988, no art. 2º, inciso II, *a* e *b*, ao prever que compete à Seção Especializada em Dissídios Coletivos do TST, em última instância, julgar: a) os recursos ordinários interpostos contra as decisões proferidas pelos Tribunais Regionais do Trabalho em dissídios coletivos de

---

(10) Cf. GARCIA, Gustavo Filipe Barbosa. *Novo código de processo civil*: principais modificações. Rio de Janeiro: Forense, 2015. p. 270.

natureza econômica ou jurídica; b) os recursos ordinários interpostos contra as decisões proferidas pelos Tribunais Regionais do Trabalho em ações rescisórias e mandados de segurança pertinentes a dissídios coletivos.

O art. 3º, inciso III, *a*, da Lei n. 7.701/1988 também estabelece a competência da Seção de Dissídios Individuais para julgar, em última instância, os recursos ordinários interpostos contra decisões dos Tribunais Regionais em processos de dissídio individual de sua competência originária.

5. Recurso de revista

O *recurso de revista* é cabível para Turma do Tribunal Superior do Trabalho das decisões proferidas em grau de recurso ordinário, em dissídio individual, pelos Tribunais Regionais do Trabalho, quando: a) derem ao mesmo dispositivo de lei federal interpretação diversa da que lhe houver dado outro Tribunal Regional do Trabalho, no seu Pleno ou Turma, ou a Seção de Dissídios Individuais do Tribunal Superior do Trabalho, ou contrariarem súmula de jurisprudência uniforme dessa Corte ou súmula vinculante do Supremo Tribunal Federal; b) derem ao mesmo dispositivo de lei estadual, convenção coletiva de trabalho, acordo coletivo, sentença normativa ou regulamento empresarial de observância obrigatória em área territorial que exceda a jurisdição do Tribunal Regional prolator da decisão recorrida, interpretação divergente, na forma da alínea *a*; c) proferidas com violação literal de disposição de lei federal ou afronta direta e literal à Constituição Federal (art. 896 da CLT).

Nas causas sujeitas ao *procedimento sumaríssimo*, somente é admitido recurso de revista por contrariedade à súmula de jurisprudência uniforme do Tribunal Superior do Trabalho ou à súmula vinculante do Supremo Tribunal Federal e por violação direta da Constituição Federal (art. 896, § 9º, da CLT, incluído pela Lei n. 13.015/2014).

Das decisões proferidas pelos Tribunais Regionais do Trabalho ou por suas Turmas, em *execução de sentença*, inclusive em processo incidente de embargos de terceiro, não cabe recurso de revista, salvo na hipótese de ofensa direta e literal de norma da Constituição Federal (art. 896, § 2º, da CLT).

Entretanto, cabe recurso de revista por violação à lei federal, por divergência jurisprudencial e por ofensa à Constituição Federal nas *execuções fiscais* e nas controvérsias da fase de execução que envolvam a *Certidão Negativa de Débitos Trabalhistas* (CNDT), criada pela Lei n. 12.440/2011 (art. 896, § 10, da CLT, incluído pela Lei n. 13.015/2014).

O julgamento do recurso de revista, portanto, é de competência do Tribunal Superior do Trabalho.

De acordo com a previsão do art. 896, § 1º, da CLT, o recurso de revista é dotado de efeito apenas devolutivo, e deve ser interposto perante o Presidente do Tribunal Regional do Trabalho recorrido, que, por meio de decisão fundamentada, *pode recebê-lo ou denegá-lo*.

Como se pode notar, quanto ao recurso de revista, há disposição expressa na CLT a respeito do exame inicial dos pressupostos recursais pelo juízo *a quo*, ou seja, no caso, pelo TRT.

Se o recurso de revista for processado, o juízo *ad quem* (TST) realiza nova verificação dos requisitos de admissibilidade recursal.

Ademais, se o juízo *a quo* (TRT) negar seguimento ao recurso de revista é cabível *agravo de instrumento*, no prazo de oito dias, conforme o art. 897, *b*, da CLT.

Quando o recurso tempestivo contiver defeito formal que não se repute grave, o Tribunal Superior do Trabalho pode desconsiderar o vício ou mandar saná-lo, julgando o mérito (art. 896, § 11, da CLT, acrescentado pela Lei n. 13.015/2014).

Da decisão denegatória (ou seja, da decisão monocrática, no âmbito do TST) cabe agravo (interno), no prazo de oito dias (art. 896, § 12, da CLT, acrescentado pela Lei n. 13.015/2014).

Portanto, ausente omissão, não há a incidência de disposições do CPC de 2015 a respeito do tema em estudo especificamente quanto ao recurso de revista.

6. Embargos no TST

No âmbito do Tribunal Superior do Trabalho, são ainda cabíveis *embargos*, no prazo de oito dias: I — de decisão não unânime de julgamento que: conciliar, julgar ou homologar conciliação em dissídios coletivos que excedam a competência territorial dos Tribunais Regionais do Trabalho e estender ou rever as sentenças normativas do Tribunal Superior do Trabalho, nos casos previstos em lei; II — das decisões das Turmas que divergirem entre si ou das decisões proferidas pela Seção de Dissídios Individuais, ou contrárias a súmula ou orientação jurisprudencial do Tribunal Superior do Trabalho ou súmula vinculante do Supremo Tribunal Federal (art. 894 da CLT, com redação dada pelas Leis ns. 11.496/2007 e 13.015/2014).

Como se pode notar, os embargos em questão são interpostos no próprio TST, que é competente para o seu processamento e julgamento.

Ainda assim, tratando dos poderes do relator no âmbito dos embargos no TST, o art. 894, § 3º, da CLT dispõe que *o ministro relator deve negar seguimento aos embargos* nas seguintes hipóteses: a) se a decisão recorrida estiver em consonância com súmula da jurisprudência do Tribunal Superior do Trabalho ou do Supremo Tribunal Federal, ou com iterativa, notória e atual jurisprudência do TST, cumprindo-lhe indicá-la; b) nas hipóteses de intempestividade, deserção, irregularidade de representação ou de ausência de qualquer outro pressuposto recursal extrínseco de admissibilidade.

Proferida essa decisão pelo ministro relator, que denega seguimento aos embargos no TST, é cabível agravo (interno), no prazo de oito dias (art. 894, § 4º, da CLT).

7. Recurso extraordinário

Compete ao Supremo Tribunal Federal, precipuamente, a guarda da Constituição, cabendo-lhe julgar, mediante *recurso extraordinário*, as causas decididas em única ou última instância, quando a decisão recorrida: a) contrariar dispositivo da Constituição Federal de 1988; b) declarar a inconstitucionalidade de tratado ou lei federal; c) julgar válida lei ou ato de governo local contestado em face desta Constituição; d) julgar válida lei local contestada em face de lei federal (art. 102, inciso III, da Constituição da República).

Dessa forma, também no âmbito trabalhista, apenas da decisão proferida pela única ou última instância é que o recurso extraordinário é cabível.

O art. 102, § 3º, da Constituição da República, acrescentado pela Emenda Constitucional n. 45/2004, determina que no recurso extraordinário o recorrente deve demonstrar a *repercussão geral das questões constitucionais discutidas no caso*, nos termos da lei, a fim de que o STF examine a admissão do recurso, somente podendo recusá-lo pela manifestação de dois terços de seus membros.

O recurso extraordinário, nos casos previstos na Constituição Federal de 1988, deve ser interposto *perante o presidente ou o vice-presidente do tribunal recorrido*, em petição que deve conter: a exposição do fato e do direito; a demonstração do cabimento do recurso interposto; as razões do pedido de reforma ou de invalidação da decisão recorrida (art. 1.029 do CPC de 2015).

Frise-se que o Supremo Tribunal Federal pode desconsiderar vício formal de recurso tempestivo ou determinar sua correção, desde que não o repute grave.

Uma vez recebida a petição do recurso pela secretaria do tribunal, o recorrido deve ser intimado para apresentar contrarrazões no prazo de 15 dias, findo o qual os autos serão conclusos ao presidente ou ao vice-presidente do tribunal recorrido, que deverá (art. 1.030 do CPC de 2015, com redação dada pela Lei n. 13.256/2016):

I — *negar seguimento*: a) a recurso extraordinário que discuta questão constitucional à qual o Supremo Tribunal Federal não tenha reconhecido a existência de repercussão geral ou a recurso extraordinário interposto contra acórdão que esteja em conformidade com entendimento do Supremo Tribunal Federal exarado no regime de repercussão geral; b) a recurso extraordinário interposto contra acórdão que esteja em conformidade com entendimento do Supremo Tribunal Federal exarado no regime de julgamento de recursos repetitivos;

II — encaminhar o processo ao órgão julgador para realização do juízo de retratação, se o acórdão recorrido divergir do entendimento do Supremo Tribunal Federal exarado nos regimes de repercussão geral ou de recursos repetitivos;

III — sobrestar o recurso que versar sobre controvérsia de caráter repetitivo ainda não decidida pelo Supremo Tribunal Federal em matéria constitucional;

IV — selecionar o recurso como representativo de controvérsia constitucional, nos termos do art. 1.036, § 6º, do CPC de 2015[11];

V — realizar o juízo de admissibilidade e, se positivo, remeter o feito ao Supremo Tribunal Federal, desde que: a) o recurso ainda não tenha sido submetido ao regime de repercussão geral ou de julgamento de recursos repetitivos; b) o recurso tenha sido selecionado como representativo da controvérsia; ou c) o tribunal recorrido tenha refutado o juízo de retratação.

Da decisão de inadmissibilidade proferida com fundamento no inciso V do art. 1.030 cabe *agravo ao tribunal superior*, nos termos do art. 1.042 do CPC de 2015[12].

O art. 1.042, § 2º, do CPC de 2015, com redação dada pela Lei n. 13.256/2016, prevê que a petição de agravo (em recurso especial e em recurso extraordinário) deve ser dirigida ao presidente ou ao vice-presidente do tribunal de origem e independe do pagamento de custas e despesas postais, aplicando-se a ela

---

(11) "§ 6º Somente podem ser selecionados recursos admissíveis que contenham abrangente argumentação e discussão a respeito da questão a ser decidida."
(12) "Art. 1.042. Cabe agravo contra decisão do presidente ou do vice-presidente do tribunal recorrido que inadmitir recurso extraordinário ou recurso especial, salvo quando fundada na aplicação de entendimento firmado em regime de repercussão geral ou em julgamento de recursos repetitivos."

o regime de repercussão geral e de recursos repetitivos, inclusive quanto à possibilidade de sobrestamento e do juízo de retratação.

Diversamente, da decisão proferida com fundamento nos incisos I e III do art. 1.030 cabe *agravo interno*, consoante o art. 1.021 do CPC de 2015[13].

Essa última previsão, entretanto, certamente dará ensejo a divergências na doutrina e na jurisprudência, especialmente quando mantida a decisão monocrática, pois a parte ficaria impossibilitada de levar a questão ao tribunal superior (STF).

É possível argumentar que se a decisão proferida pelo órgão colegiado do tribunal recorrido, em agravo interno, violar direito líquido e certo, seria cabível, em tese, mandado de segurança (art. 5º, inciso LXIX, da Constituição da República), por não haver previsão de recurso específico contra essa decisão judicial (da Lei n. 12.016/2009, art. 5º, inciso II, *a contrario sensu*).

Nesse caso, cabe lembrar que, nos termos da Súmula n. 624 do STF, "não compete ao Supremo Tribunal Federal conhecer originariamente de mandado de segurança contra atos de outros tribunais".

Na verdade, o Supremo Tribunal Federal é competente para o julgamento de *recurso ordinário em mandado de segurança* decidido em única instância pelos Tribunais Superiores (no caso, pelo TST), *se denegatória a decisão* (art. 103, inciso II, *a*, da Constituição da República).

Ademais, cabe registrar o possível entendimento de que contra a própria decisão proferida (pelo órgão colegiado do tribunal recorrido) em agravo interno seria cabível *novo* recurso extraordinário, com fundamento no art. 102, inciso III, da Constituição da República, para que a questão possa chegar até o STF.

Nesse enfoque, ao se alegar a necessidade de *superação* da tese firmada em precedente ou decisão fixada como parâmetro de entendimento[14], ou mesmo ao se argumentar no sentido da existência de *distinção* do caso em exame em face do padrão decisório, uma vez presentes os pressupostos recursais gerais, o novo recurso extraordinário interposto contra a decisão proferida (pelo órgão colegiado do juízo *a quo*) em agravo interno deveria seguir ao STF, o qual é constitucionalmente competente para o seu julgamento.

---

(13) "Art. 1.021. Contra decisão proferida pelo relator caberá agravo interno para o respectivo órgão colegiado, observadas, quanto ao processamento, as regras do regimento interno do tribunal."

(14) Cf. CÂMARA, Alexandre Freitas. *Novo CPC reformado permite superação de decisões vinculantes*. Disponível em: <http://www.conjur.com.br/2016-fev-12/alexandre-camara-cpc-permite-superacao-decisoes-vinculantes>.

Evidentemente, entende-se que são cabíveis *embargos de declaração* contra a decisão proferida no agravo interno (art. 897-A da CLT).

Nesse sentido, de acordo com o art. 1.022 do CPC de 2015, cabem embargos de declaração *contra qualquer decisão judicial* para: esclarecer obscuridade ou eliminar contradição; suprir omissão de ponto ou questão sobre o qual devia se pronunciar o juiz de ofício ou a requerimento; corrigir erro material.

De todo modo, como se pode notar, com a Lei n. 13.256/2016, retornou a sistemática do Código de Processo Civil de 1973, no sentido de que o juízo *a quo* realiza o exame inicial dos pressupostos de admissibilidade do *recurso extraordinário*, podendo negar-lhe seguimento.

8. Conclusão

A Lei n. 13.256/2016 modificou pontos relevantes do Código de Processo Civil de 2015, com destaque ao juízo de admissibilidade do recurso extraordinário.

No processo do trabalho, quanto ao recurso ordinário, apesar da atual previsão do CPC de 2015 sobre apelação, prevaleceu no TST o entendimento de que o juízo a quo deve verificar, inicialmente, os pressupostos de admissibilidade, podendo, assim, negar seguimento ao mencionado recurso.

Especificamente no recurso de revista, há previsão expressa na CLT a respeito do exame inicial dos pressupostos recursais pelo juízo *a quo* (TRT), o que afasta a aplicação do CPC de 2015.

Os embargos no TST, por sua vez, são interpostos nesse próprio tribunal, que também é competente para o seu processamento e julgamento.

Diversamente, no recurso extraordinário, com a Lei n. 13.256/2016, retornou-se à previsão do CPC de 1973 de que o juízo *a quo* (no caso do processo do trabalho, o TST) deve realizar a verificação dos pressupostos de admissibilidade, podendo negar seguimento ao mencionado recurso.

O aspecto que pode gerar maior controvérsia refere-se à previsão de que contra a decisão proferida com fundamento no art. 1.030, incisos I e III, do CPC de 2015, é cabível apenas *agravo interno*, dificultando o acesso ao STF, o que pode resultar em violação ao art. 102, inciso III, da Constituição da República.

Desse modo, em tese, duas são as soluções possíveis de argumentação para a questão: admitir o cabimento do mandado de segurança, quando presentes os requisitos próprios, contra a decisão proferida no agravo interno (pelo

TST); admitir a interposição de novo recurso extraordinário contra a decisão em agravo interno (do TST).

Cabe, assim, acompanhar a evolução da doutrina e da jurisprudência quanto ao relevante, atual e controvertido tema.

9. Bibliografia

BARBOSA MOREIRA, José Carlos. *Comentários ao código de processo civil*. 8. ed. Rio de Janeiro: Forense, 1999. v. 5.

BEDAQUE, José Roberto dos Santos. Apelação: questões sobre admissibilidade e efeitos. In: NERY JR., Nelson; WAMBIER, Teresa Arruda Alvim (coord.). *Aspectos polêmicos e atuais dos recursos cíveis e de outros meios de impugnação às decisões judiciais*. São Paulo: RT, 2003.

CÂMARA, Alexandre Freitas. *Novo CPC reformado permite superação de decisões vinculantes*. Disponível em: <http://www.conjur.com.br/2016-fev-12/alexandre-camara-cpc-permite-superacao-decisoes-vinculantes>.

DINAMARCO, Cândido Rangel. *Instituições de direito processual civil*. São Paulo: Malheiros, 2001. v. 2.

GARCIA, Gustavo Filipe Barbosa. *Curso de direito processual do trabalho*. 4. ed. Rio de Janeiro: Forense, 2015.

_____. *Novo código de processo civil*: principais modificações. Rio de Janeiro: Forense, 2015.

GRECO FILHO, Vicente. *Direito processual civil brasileiro*. 20. ed. São Paulo: Saraiva, 2009. v. 2.

NERY JUNIOR, Nelson. *Teoria geral dos recursos*. 7. ed. São Paulo: RT, 2014.

Capítulo 2

Sentença Criminal e Seus Efeitos na Responsabilidade Trabalhista

> *Sumário: 1. Introdução; 2. Jurisdição e competência; 3. Responsabilidade criminal e civil; 4. Reflexos da decisão penal na esfera trabalhista; 5. Suspensão do processo do trabalho; 6. Conclusão; 7. Bibliografia.*

1. Introdução

O Poder Judiciário brasileiro é composto de diversos ramos, devidamente sistematizados pela Constituição da República, aos quais são conferidas competências diferenciadas, com o fim de se alcançar maior racionalidade e efetividade da tutela jurisdicional.

Sendo assim, objetiva-se examinar os efeitos das decisões proferidas pelos órgãos que exercem a jurisdição criminal, perante a Justiça do Trabalho, e vice-versa, ao julgar, em cada um de seus âmbitos, demandas envolvendo as mesmas situações de fato, mas com repercussões jurídicas diversas, ou seja, nas esferas penais e trabalhistas.

É necessário evitar contradições entre decisões proferidas por ramos distintos do Poder Judiciário, ao examinar questões comuns, harmonizando-se os comandos jurisdicionais, com o objetivo de pacificação social com efetiva justiça.

2. Jurisdição e competência

Entende-se por jurisdição o poder, a função e a atividade estatal de solução de conflitos[15], por meio da aplicação do Direito objetivo[16], visando à paz social[17].

Nesse sentido, todos os juízes e órgãos jurisdicionais exercem a jurisdição, entendida como decorrência da própria soberania do Estado[18].

A sua delimitação revela, entretanto, a *competência* atribuída a cada órgão jurisdicional[19], levando em consideração aspectos como matéria, pessoa e local[20].

Como esclarece Humberto Theodoro Júnior:

> "Como função estatal, a jurisdição é, naturalmente, *una*. Mas seu exercício, na prática, exige o concurso de vários órgãos do Poder Público. A *competência* é justamente o critério de distribuir entre os vários órgãos judiciários as atribuições relativas ao desempenho da jurisdição."[21]

A competência da Justiça do Trabalho, em essência, é voltada aos conflitos decorrentes das relações de trabalho[22], em conformidade com a previsão do art. 114 da Constituição da República[23].

As questões criminais, por sua vez, são julgadas por diversos ramos do Poder Judiciário, como a Justiça Federal, a Justiça Estadual, a Justiça Eleitoral e a Justiça Militar.

---

(15) Cf. GRECO FILHO, Vicente. *Direito processual civil brasileiro*. 21. ed. São Paulo: Saraiva, 2009. v. 1, p. 181.
(16) Cf. CHIOVENDA, Giuseppe. *Instituições de direito processual civil*. Tradução da 2. ed. italiana por J. Guimarães Menegale, acompanhada de notas pelo Prof. Enrico Tullio Liebman. São Paulo: Saraiva, 1942. v. 1, p. 27-28.
(17) Cf. CINTRA, Antonio Carlos de Araújo; GRINOVER, Ada Pellegrini; DINAMARCO, Cândido Rangel. *Teoria geral do processo*. 11. ed. São Paulo: Malheiros, 1995. p. 125. Cf. ainda GRECO FILHO, Vicente. *Direito processual civil brasileiro*. 21. ed. São Paulo: Saraiva, 2009. v. 1, p. 181.
(18) Cf. LUGO, Andrea. *Manuale di diritto processuale civile*. 2. ed. Milano: Giuffrè, 1958. p. 3-4.
(19) Cf. LIEBMAN, Enrico Tullio. *Manual de direito processual civil*. 3. ed. Tradução e notas de Cândido Rangel Dinamarco. São Paulo: Malheiros, 2005. v. 1, p. 81.
(20) Cf. GARCIA, Gustavo Filipe Barbosa. *Competência da justiça do trabalho*. Rio de Janeiro: Forense, 2012. p. 31-33.
(21) THEODORO JÚNIOR, Humberto. *Curso de direito processual civil*. 50. ed. Rio de Janeiro: Forense, 2009. v. 1, p. 157 (destaques do original).
(22) Cf. FRANCO FILHO, Georgenor de Sousa. *Curso de direito do trabalho*. São Paulo: LTr, 2015. p. 68.
(23) Cf. DONATO, Messias Pereira. *Curso de direito individual do trabalho*. 6. ed. São Paulo: LTr, 2008. p. 296.

Nessa temática, é relevante salientar que a Justiça do Trabalho, mesmo com a Emenda Constitucional n. 45/2004, não possui competência criminal[24], inclusive segundo entendimento firmado pelo Supremo Tribunal Federal (Ação Direta de Inconstitucionalidade n. 3.684-0/DF, Rel. Min. Cezar Peluso, DJ 3.8.2007).

3. Responsabilidade criminal e civil

Tendo em vista a autonomia entre os diversos ramos do Poder Judiciário, os quais possuem competências delimitadas e específicas, há relativa independência entre as decisões proferidas nos casos ali processados.

Ainda assim, há situações em que o sistema jurídico estabelece a vinculação da decisão já proferida por certo órgão jurisdicional perante outras esferas jurisdicionais, procurando evitar contradições entre os julgados.

De forma mais específica, nos termos do art. 935 do Código Civil de 2002, a "responsabilidade civil é independente da criminal, não se podendo questionar mais sobre a existência do fato, ou sobre quem seja o seu autor, quando estas questões se acharem decididas no juízo criminal".

Entende-se por responsabilidade civil a obrigação de responder pelas consequências jurídicas decorrentes do ato ilícito praticado, reparando ou compensando o prejuízo causado.

Como se pode notar, apesar da autonomia entre a responsabilidade civil e a responsabilidade penal, se o juiz criminal tiver decidido a respeito da existência do fato delituoso (isto é, do crime ou da contravenção penal)[25], ou sobre a sua autoria, essas conclusões não podem ser objeto de decisão em sentido contrário, ainda que por outro ramo do Poder Judiciário[26].

Sendo assim, cabe verificar com maiores detalhes como a questão é disciplinada quando envolve controvérsias decorrentes de relações de trabalho.

4. Reflexos da decisão penal na esfera trabalhista

Inicialmente, cabe salientar que o mencionado art. 935 do Código Civil de 2002 é aplicável também às relações trabalhistas, nos termos do art. 8º, pa-

---

(24)   Cf. MARTINS, Sergio Pinto. *Direito processual do trabalho*. 30. ed. São Paulo: Atlas, 2010. p. 128-129.
(25)   Cf. MIRABETE, Julio Fabbrini. *Processo penal*. 6. ed. São Paulo: Atlas, 1996. p. 158: "A sentença condenatória proferida em caso de contravenção tem os mesmos efeitos civis, diante do que dispõe o art. 1º da LCP que manda aplicar as regras gerais do CP sempre que não disponha de modo diverso".
(26)   Cf. GAGLIANO, Pablo Stolze; PAMPLONA FILHO, Rodolfo. *Novo curso de direito civil*: responsabilidade civil. 3. ed. São Paulo: Saraiva, 2005. v. 3, p. 379-381.

rágrafo único, da Consolidação das Leis do Trabalho, mesmo porque não há previsão específica a respeito dessa temática na legislação trabalhista.

Pode-se exemplificar com as hipóteses em que se discute justa causa aplicada ao empregado, envolvendo fato com repercussão criminal, ou quando o empregador comete crime contra o trabalhador.

Nesse enfoque, o Direito comum (no caso, o Direito Civil) é fonte subsidiária do Direito do Trabalho, naquilo em que não for incompatível com os princípios fundamentais deste.

Portanto, apesar da relativa independência entre as esferas penal e trabalhista, a decisão na Justiça Criminal pode gerar importantes repercussões quanto à responsabilidade no âmbito da relação de trabalho[27].

De todo modo, também deve ser aplicado o art. 91, inciso I, do Código Penal, ao determinar como um dos efeitos da condenação criminal o de "tornar certa a obrigação de indenizar o dano causado pelo crime".

Justamente por isso, nos termos do art. 63 do Código de Processo Penal, uma vez transitada em julgado a sentença condenatória, podem promover-lhe a execução, no juízo cível (e, conforme aqui estudado, no juízo trabalhista), para o efeito da reparação do dano, o ofendido, seu representante legal ou seus herdeiros.

Como explica Julio Fabbrini Mirabete:

> "a decisão faz coisa julgada porque há, nos dois juízos, identidade de causa e a base das duas ações é o delito cometido; há identidade de objeto, porque, apesar da diferença de objetos diretos nos dois juízos, ambos têm o mesmo objeto fundamental; há identidade de partes, porque o Ministério Público é o representante da sociedade."[28]

Transitada em julgado a sentença condenatória, a execução pode ser efetuada pelo valor fixado nos termos do art. 387, *caput*, inciso IV, do Código de Processo Penal, sem prejuízo da liquidação para a apuração do dano efetivamente sofrido (art. 63, parágrafo único, do CPP, incluído pela Lei n. 11.719/2008).

Desse modo, o juiz criminal, ao proferir sentença condenatória, deve fixar valor mínimo para reparação dos danos causados pela infração, considerando os prejuízos sofridos pelo ofendido.

---

(27)   Cf. GARCIA, Gustavo Filipe Barbosa. *Curso de direito processual do trabalho*. 4. ed. Rio de Janeiro: Forense, 2015. p. 567-569.
(28)   MIRABETE, Julio Fabbrini. *Processo penal*. 6. ed. São Paulo: Atlas, 1996. p. 157.

Isso não afasta a possibilidade de posterior liquidação no juízo trabalhista dos danos decorrentes do crime sofridos pela vítima ou por seus herdeiros, na forma dos arts. 475-A do CPC de 1973 e 509 do CPC de 2015, bem como do art. 879 da CLT.

Como consequência, o sistema processual prevê que a sentença penal condenatória transitada em julgado é considerada *título executivo judicial* (art. 475-N, inciso II, do CPC de 1973 e art. 515, inciso VI, do CPC de 2015).

Com isso, a rigor, mesmo no processo do trabalho, o referido título executivo também deve ser considerado e reconhecido (arts. 769 e 889 da CLT e art. 15 do CPC de 2015), inserindo-se no rol previsto no art. 876 da CLT.

É importante salientar, entretanto, o seguinte esclarecimento de Julio Fabbrini Mirabete:

> "Absolvido o condenado em revisão criminal, perde a sentença o seu caráter de título executório, ainda que já instaurada a execução civil. O título foi desconstituído por decisão judicial do mesmo modo como foi criado. Deverá o ofendido, nessa hipótese, promover a competente ação de conhecimento civil, quando cabível."[29]

Ainda assim, como esclarece Magalhães Noronha, "não está o ofendido obrigado a aguardar o desfecho da ação penal para pleitear o ressarcimento do dano, já que o art. 64 do Código de Processo Penal permite que seja proposta *ação* no juízo cível contra o autor do crime e, conforme o caso, contra o responsável civil"[30].

Desse modo, faculta-se à vítima (ou, conforme o caso, aos herdeiros) o imediato ajuizamento de ação de conhecimento, postulando indenização por responsabilidade trabalhista decorrente de crime praticado pelo ofensor[31].

Frise-se ainda que, consoante o art. 200 do Código Civil de 2002, quando a ação se originar de fato que deva ser apurado no juízo criminal, não corre a prescrição antes da respectiva sentença definitiva.

---

(29)   MIRABETE, Julio Fabbrini. *Processo penal*. 6. ed. São Paulo: Atlas, 1996. p. 158.
(30)   Cf. NORONHA, E. Magalhães. *Direito penal*: introdução e parte geral. 29. ed. atualizada por Adalberto José Q. T. de Camargo Aranha. São Paulo: 1991. v. 1, p. 289 (destaque do original).
(31)   Cf. JESUS, Damásio E. de. *Direito penal*: parte geral. 19. ed. São Paulo: Saraiva, 1995. v. 1, p. 558: "Assim, em face da prática de um crime, o ofendido (representante legal ou herdeiro) pode agir de duas formas: *a*) aguardar o desfecho da ação penal. Transitada em julgado a sentença condenatória, pode ingressar no juízo cível com o pedido de execução para efeito de reparação do dano; *b*) ingressar desde logo no juízo cível com a ação civil de reparação do dano (*actio civilis ex delicto*)".

Em se tratando de relação de trabalho, cabe ressaltar que o empregador é responsável, de forma objetiva, pelas condutas de seus empregados, gerentes e prepostos, quando decorrentes do exercício da atividade laboral[32].

Efetivamente, consoante o art. 932, inciso III, do Código Civil de 2002, são também responsáveis pela reparação civil o empregador ou comitente, por seus empregados, serviçais e prepostos, no exercício do trabalho que lhes competir, ou em razão dele.

Ademais, as pessoas acima indicadas, ainda que não haja culpa de sua parte, respondem pelos atos praticados pelos terceiros ali referidos (art. 933 do Código Civil de 2002).

Desse modo, exemplificando, se o gerente praticou certo crime, tendo como vítima o empregado, que sofreu prejuízos, não se permite a execução (com fundamento em sentença criminal transitada em julgado) em face do empregador, justamente por não ter sido réu no processo penal, não integrando os limites subjetivos do título executivo, inclusive em respeito ao devido processo legal, ao contraditório e à ampla defesa (art. 5º, incisos LIV e LV, da Constituição da República)[33].

Nesse caso, cabe ao empregado prejudicado, ou, se for o caso, aos seus herdeiros, ajuizar ação de conhecimento em face do empregador (por ser o responsável civil, conforme art. 64, *caput*, do CPP), postulando a indenização decorrente do fato criminoso praticado pelo gerente (art. 932, inciso III, do Código Civil de 2002), perante a Justiça do Trabalho, conforme art. 114 da Constituição da República.

A respeito do tema, a Súmula Vinculante n. 22 do STF assim prevê:

> "A Justiça do Trabalho é competente para processar e julgar as ações de indenização por danos morais e patrimoniais decorrentes de acidente de trabalho propostas por empregado contra empregador, inclusive aquelas que ainda não possuíam sentença de mérito em primeiro grau quando da promulgação da Emenda Constitucional n. 45/04."

A Súmula 392 do TST, por sua vez, contém a seguinte previsão:

> "DANO MORAL E MATERIAL. RELAÇÃO DE TRABALHO. COMPETÊNCIA DA JUSTIÇA DO TRABALHO (redação alterada em sessão do Tribunal Pleno realizada em 27.10.2015) — Res. n. 200/2015,

---

(32) Cf. GARCIA, Gustavo Filipe Barbosa. *Meio ambiente do trabalho*: direito, segurança e medicina do trabalho. 4. ed. São Paulo: Método, 2014. p. 126-128.
(33) Cf. ASSIS, Araken de. *Eficácia civil da sentença penal*. 2. ed. São Paulo: RT, 2000. p. 73.

DEJT divulgado em 29.10.2015 e 3 e 4.11.2015. Nos termos do art. 114, inc. VI, da Constituição da República, a Justiça do Trabalho é competente para processar e julgar ações de indenização por dano moral e material, decorrentes da relação de trabalho, inclusive as oriundas de acidente de trabalho e doenças a ele equiparadas, *ainda que propostas pelos dependentes ou sucessores do trabalhador falecido.*" (destaquei)

Ainda na referida hipótese, sendo o empregador condenado na esfera trabalhista, ao pagar a reparação devida ao trabalhador que foi vítima do delito (ou aos seus herdeiros), em razão de conduta criminosa praticada por outro empregado, gerente ou preposto, assegura-se ao primeiro o direito de regresso em face destes.

Nesse sentido, segundo o art. 934 do Código Civil de 2002, aquele que ressarcir o dano causado por outrem pode reaver o que houver pago daquele por quem pagou, salvo se o causador do dano for descendente seu, absoluta ou relativamente incapaz.

É importante registrar que, nos termos do art. 5º, inciso XLV, da Constituição da República, "nenhuma pena passará da pessoa do condenado, podendo a obrigação de reparar o dano e a decretação do perdimento de bens ser, nos termos da lei, estendidas aos sucessores e contra eles executadas, até o limite do valor do patrimônio transferido".

Ao disciplinar o tema em estudo, o art. 65 do Código de Processo Penal também estabelece que faz coisa julgada no cível "a sentença penal que reconhecer ter sido o ato praticado em estado de necessidade, em legítima defesa, em estrito cumprimento de dever legal ou no exercício regular de direito".

Logo, se essas questões já tiverem sido decididas na esfera criminal, por meio de sentença transitada em julgado, não cabe mais a sua discussão no âmbito cível[34], bem como trabalhista, devendo-se afastar, por exemplo, o reconhecimento de eventual justa causa de empregado envolvendo fato que teve repercussão criminal.

A absolvição no juízo criminal por outros fundamentos, como a ausência de provas ou a prescrição penal, entretanto, não vincula a decisão a ser proferida quanto à responsabilidade trabalhista[35].

O art. 66 do Código de Processo Penal, por sua vez, dispõe que não obstante a sentença absolutória no juízo criminal, "a ação civil poderá ser proposta

---

(34) Cf. MIRABETE, Julio Fabbrini. *Processo penal.* 6. ed. São Paulo: Atlas, 1996. p. 159.
(35) Cf. GAGLIANO, Pablo Stolze; PAMPLONA FILHO, Rodolfo. *Novo curso de direito civil*: responsabilidade civil. 3. ed. São Paulo: Saraiva, 2005. v. 3, p. 381.

quando não tiver sido, categoricamente, reconhecida a inexistência material do fato".

O art. 67 do mesmo diploma legal estabelece ainda que não impedem a propositura da ação civil: o despacho de arquivamento do inquérito ou das peças de informação, a decisão que julgar extinta a punibilidade e a sentença absolutória que decidir que o fato imputado não constitui crime.

Efetivamente, embora fato não seja considerado crime, pode ter natureza de ilícito de natureza trabalhista, gerando o respectivo dever de indenizar.

O mesmo ocorre, como indicado, nas hipóteses de ter sido arquivado o inquérito policial e de extinção da punibilidade (art. 107 do Código Penal)[36].

Entende-se que as disposições acima são aplicáveis também ao processo do trabalho, com fundamento no art. 769 da CLT.

Entretanto, a rigor, na hipótese inversa, a decisão trabalhista, em si, não vincula a Justiça Criminal.

Nesse sentido, podem ser destacados os seguintes julgados:

"REVISÃO CRIMINAL. PROVA NOVA. A decisão prolatada no juízo trabalhista não vincula o juízo criminal, tendo em conta a independência das esferas. Precedentes do Superior Tribunal de Justiça. Pedido indeferido. Unânime." (TJ-RS, 2º Grupo Criminal, Revisão Criminal n. 0112747-92.2014.8.21.7000, Rel. Des. Aristides Pedroso de Albuquerque Neto, j. 11.7.2014)

"RECURSO EM *HABEAS CORPUS*. PROCESSUAL PENAL. TRANCAMENTO DA AÇÃO PENAL. JUSTIÇA DO TRABALHO. INQUÉRITO JUDICIAL JULGADO IMPROCEDENTE POR INSUFICIÊNCIA DE PROVAS. INDEPENDÊNCIA DAS INSTÂNCIAS TRABALHISTA E PENAL. AUSÊNCIA DE JUSTA CAUSA NÃO CONFIGURADA. RECURSO IMPROVIDO. 1. A teor do princípio da independência das instâncias, a conclusão pela Justiça do Trabalho de ausência de justa causa para a demissão não vincula o juízo criminal. 2. Não verificadas, de plano, a atipicidade da conduta, ou a ausência de mínimos indícios de autoria e prova da materialidade, e satisfazendo a peça acusatória os requisitos do art. 41 do Código de

---

(36) "Art. 107. Extingue-se a punibilidade: I — pela morte do agente; II — pela anistia, graça ou indulto; III — pela retroatividade de lei que não mais considera o fato como criminoso; IV — pela prescrição, decadência ou perempção; V — pela renúncia do direito de queixa ou pelo perdão aceito, nos crimes de ação privada; VI — pela retratação do agente, nos casos em que a lei a admite; VII — (revogado pela Lei n. 11.106/2005); VIII — (revogado pela Lei n. 11.106/2005); IX — pelo perdão judicial, nos casos previstos em lei."

Processo Penal, a elucidação dos fatos, em tese delituosos, descritos na vestibular acusatória depende da regular instrução criminal, com o contraditório e a ampla defesa. 3. Recurso improvido." (STJ, 5ª T., RHC 19.324, Rel. Min. Arnaldo Esteves Lima, DJ 23.6.2008)

5. Suspensão do processo do trabalho

Sem prejuízo da previsão do art. 63 do Código de Processo Penal, que trata da execução civil com fundamento na sentença penal condenatória transitada em julgado, a ação para ressarcimento do dano pode ser proposta no juízo cível (e, como aqui estudado, no juízo trabalhista), contra o autor do crime e, se for caso, contra o responsável civil (art. 64 do CPP)[37].

Como a decisão criminal pode produzir efeitos e até mesmo vincular, em certas hipóteses, o juízo trabalhista, o sistema processual estabelece mecanismos para evitar decisões contraditórias, essencialmente por meio da suspensão processual.

Por isso, uma vez ajuizada a ação penal, o juiz da ação civil pode suspender o curso desta, até o julgamento definitivo daquela (art. 64, parágrafo único, do CPP)[38].

Ainda nesse sentido, o art. 110 do Código de Processo Civil de 1973 prevê que se o conhecimento do mérito depender necessariamente da verificação da existência de fato delituoso, o juiz pode determinar a suspensão do processo até que se pronuncie a Justiça Criminal.

Se a ação penal não for exercida dentro de 30 dias, contados da intimação da decisão de sobrestamento, deve cessar o efeito deste, decidindo o juiz (incidentalmente) a questão prejudicial.

A respeito do tema, o art. 315, § 1º, do Código de Processo Civil de 2015 dispõe que se a ação penal não for proposta no prazo de *três meses*, contado da intimação do ato de suspensão, deve cessar o efeito deste, incumbindo ao juiz cível examinar incidentalmente a questão prévia.

---

(37) Cf. NORONHA, E. Magalhães. *Direito penal*: introdução e parte geral. 29. ed. atualizada por Adalberto José Q. T. de Camargo Aranha. São Paulo: 1991. v. 1, p. 290: "Duas, pois, são as situações: ou já houve trânsito em julgado da sentença condenatória e, então, o ofendido inicia a *execução*, ou ainda não houve, e, em tal caso, pode a *ação* de indenização também ser proposta no juízo cível (CPP, arts. 63 e 64). Não apenas ao ofendido cabe intentar a ação, pois pode ele até faltar, *v. g.*, no homicídio, mas também a seus herdeiros, na forma do citado art. 63. Caso incapaz, agirá seu representante legal" (destaques do original).
(38) Cf. JESUS, Damásio E. de. *Direito penal*: parte geral. 19. ed. São Paulo: Saraiva, 1995. v. 1, p. 558.

A referida decisão incidental indica caber ao juiz, apenas na fundamentação, decidir a respeito da questão, sem fazer coisa julgada material, entendida como a imutabilidade dos efeitos da sentença[39].

Ademais, se a ação penal for proposta, o processo deve ficar suspenso pelo prazo máximo de um ano, ao final do qual deve ser aplicado o disposto na parte final do referido § 1º do art. 315 do CPC de 2015.

Não obstante, discute-se quanto à aplicabilidade, no processo do trabalho, da referida previsão de suspensão do feito até a decisão na Justiça Criminal.

Seria possível argumentar que ela acarretaria maior demora no julgamento, tornando a medida incompatível com o processo trabalhista, o qual exige maior celeridade, em razão da relevância dos direitos materiais normalmente em discussão.

De acordo com essa corrente, caberia ao juiz decidir, de forma incidental, a respeito do fato, independentemente da apuração e do julgamento na esfera criminal.

Entretanto, isso geraria risco de decisões nitidamente conflitantes.

Logo, sempre que possível, entende-se ser mais prudente que a questão criminal seja objeto de decisão na esfera própria, a ser levada em consideração nos âmbitos civil e trabalhista, para a harmonia e a justiça na pacificação dos conflitos submetidos à jurisdição.

6. Conclusão

Os diversos ramos do Poder Judiciário devem atuar de forma harmônica, pacificando os conflitos sociais com efetividade e justiça.

Sendo assim, embora se reconheça a relativa independência entre as esferas criminal e trabalhista, há situações em que a decisão proferida no âmbito penal deve ser observada pela Justiça do Trabalho.

Alcança-se, com isso, a coerência entre decisões voltadas a fatos comuns, mas que geram repercussões diversas, especificamente no âmbito criminal e das relações de trabalho.

---

(39) Cf. LIEBMAN, Enrico Tullio. *Eficácia e autoridade da sentença e outros escritos sobre a coisa julgada*. 4. ed. atualizada por Ada Pellegrini Grinover. Tradução de Alfredo Buzaid e Benvindo Aires, tradução dos textos posteriores à edição de 1945 de Ada Pellegrini Grinover. Rio de Janeiro: Forense, 2006. p. 6: "a autoridade da coisa julgada não é o efeito da sentença, mas uma qualidade, um modo de ser e de manifestar-se dos seus efeitos, quaisquer que sejam, vários e diversos, consoante as diferentes categorias de sentenças".

7. Bibliografia

ASSIS, Araken de. *Eficácia civil da sentença penal*. 2. ed. São Paulo: RT, 2000.

CHIOVENDA, Giuseppe. *Instituições de direito processual civil*. Tradução da 2. ed. italiana por J. Guimarães Menegale, acompanhada de notas pelo Prof. Enrico Tullio Liebman. São Paulo: Saraiva, 1942. v. 1.

CINTRA, Antonio Carlos de Araújo; GRINOVER, Ada Pellegrini; DINAMARCO, Cândido Rangel. *Teoria geral do processo*. 11. ed. São Paulo: Malheiros, 1995.

DONATO, Messias Pereira. *Curso de direito individual do trabalho*. 6. ed. São Paulo: LTr, 2008.

GAGLIANO, Pablo Stolze; PAMPLONA FILHO, Rodolfo. *Novo curso de direito civil*: responsabilidade civil. 3. ed. São Paulo: Saraiva, 2005. v. 3.

GARCIA, Gustavo Filipe Barbosa. *Competência da justiça do trabalho*. Rio de Janeiro: Forense, 2012.

_____. *Curso de direito processual do trabalho*. 4. ed. Rio de Janeiro: Forense, 2015.

_____. *Meio ambiente do trabalho*: direito, segurança e medicina do trabalho. 4. ed. São Paulo: Método, 2014.

FRANCO FILHO, Georgenor de Sousa. *Curso de direito do trabalho*. São Paulo: LTr, 2015.

GRECO FILHO, Vicente. *Direito processual civil brasileiro*. 21. ed. São Paulo: Saraiva, 2009. v. 1.

JESUS, Damásio E. de. *Direito penal*: parte geral. 19. ed. São Paulo: Saraiva, 1995. v. 1.

LIEBMAN, Enrico Tullio. *Eficácia e autoridade da sentença e outros escritos sobre a coisa julgada*. 4. ed. atualizada por Ada Pellegrini Grinover. Tradução de Alfredo Buzaid e Benvindo Aires, tradução dos textos posteriores à edição de 1945 de Ada Pellegrini Grinover. Rio de Janeiro: Forense, 2006.

_____. *Manual de direito processual civil*. 3. ed. Tradução e notas de Cândido Rangel Dinamarco. São Paulo: Malheiros, 2005. v. 1.

LUGO, Andrea. *Manuale di diritto processuale civile*. 2. ed. Milano: Giuffrè, 1958.

MARTINS, Sergio Pinto. *Direito processual do trabalho*. 30. ed. São Paulo: Atlas, 2010.

MIRABETE, Julio Fabbrini. *Processo penal*. 6. ed. São Paulo: Atlas, 1996.

NORONHA, E. Magalhães. *Direito penal*: introdução e parte geral. 29. ed. atualizada por Adalberto José Q. T. de Camargo Aranha. São Paulo: 1991. v. 1.

THEODORO JÚNIOR, Humberto. *Curso de direito processual civil*. 50. ed. Rio de Janeiro: Forense, 2009. v. 1.

Capítulo 3

Tutela Jurisdicional Metaindividual Trabalhista e Direitos Heterogêneos

Sumário: 1. Introdução; 2. Origem das ações coletivas; 3. Modalidades de direitos metaindividuais; 4. Sistema de tutela jurisdicional dos direitos metaindividuais; 5. Direitos heterogêneos; 6. Conclusão; 7. Bibliografia.

1. Introdução

O presente capítulo tem como objetivo analisar o sistema de tutela jurisdicional metaindividual na esfera trabalhista, procurando demonstrar as particularidades na defesa dos *direitos heterogêneos*.

A tutela jurisdicional coletiva já se consolidou como meio eficaz de pacificação dos conflitos coletivos, os quais são cada vez mais presentes na atual *sociedade da informação*.

É relevante, assim, saber se os direitos heterogêneos, os quais se distinguem dos direitos homogêneos, também podem ser tutelados por meio de ações civis públicas e coletivas.

2. Origem das ações coletivas

Pode-se dizer que o sistema jurídico brasileiro, ao prever e regular as ações coletivas, inspirou-se nas *class actions* norte-americanas[40].

Com as ações coletivas para a defesa de direitos individuais homogêneos, permitindo a reparação dos prejuízos sofridos pelos titulares dos direitos de origem comum (conforme regulamentação no Código de Defesa do Consumidor), "veio a consagração definitiva, no sistema brasileiro, da categoria das *class actions for damage*"[41], ou seja, "das ações civis de responsabilidade pelos danos sofridos por uma coletividade de indivíduos"[42].

A *class action* foi objeto de regulamentação, no sistema norte-americano, pela *Federal Equity Rule* 38, de 1912, passando a assumir maior importância com a Regra 23 das *Federal Rules of Civil Procedure*[43], apresentando as seguintes regras fundamentais: admissibilidade da *class action* quando impossível reunir todos os integrantes da *class*; controle do juiz sobre a "adequada representatividade", com a aferição de "comunhão de interesses" entre os membros da *class*[44].

Com o passar do tempo, a utilização das demandas coletivas cada vez mais vem se ampliando. Essa tendência, aliás, está em consonância com a complexidade das relações sociais e da chamada "sociedade de massa".

Como bem observa Cândido Rangel Dinamarco:

> "O direito moderno, por imposição da aglutinação de interesses supraindividuais na sociedade de massa, tende a ser um direito *da coletividade* e não mais apenas direito dos *indivíduos*, como nos moldes tradicionais. É das últimas décadas do século XX a intensa legislação de apoio aos valores do meio ambiente, da cultura e da história, de proteção aos consumidores como grupo em que se concentram interesses homogêneos *etc*. — tudo se reconduzindo ao conceito amplo de *direito e interesses transindividuais*." (destaques do original)[45]

---

(40) Cf. ALMEIDA, Gregório Assagra de. *Direito processual coletivo brasileiro*: um novo ramo do direito processual. São Paulo: Saraiva, 2003. p. 119: "Os Estados Unidos podem ser considerados o país que tem mais tradição na tutela dos interesses de massa, tanto que a nossa *ação civil pública* foi inspirada nas suas *class actions* (ações de classe)" (destaques do original).
(41) GRINOVER, Ada Pellegrini. *Código brasileiro de defesa do consumidor*: comentado pelos autores do anteprojeto. 8. ed. Rio de Janeiro: Forense Universitária, 2005. p. 863.
(42) GRINOVER, Ada Pellegrini. *Código brasileiro de defesa do consumidor*: comentado pelos autores do anteprojeto. 8. ed. Rio de Janeiro: Forense Universitária, 2005. p. 867.
(43) DINAMARCO, Pedro da Silva. *Ação civil pública*. São Paulo: Saraiva, 2001. p. 16-17; p. 26.
(44) GRINOVER, Ada Pellegrini. *Código brasileiro de defesa do consumidor*: comentado pelos autores do anteprojeto. 8. ed. Rio de Janeiro: Forense Universitária, 2005. p. 854-855.
(45) DINAMARCO, Cândido Rangel. *Instituições de direito processual civil*. São Paulo: Malheiros, 2001. v. 1, p. 155.

Nesse contexto social, a grande maioria dos litígios envolve muitos sujeitos, de forma igual e simultânea. Por isso, essa modalidade de demanda, de natureza coletiva, possibilita maior efetividade, celeridade e segurança na prestação jurisdicional[46].

Por meio de apenas uma ação judicial, várias pessoas passam a ter a mesma pretensão defendida em juízo.

Isso sem dúvida representa economia processual de relevo, permitindo maior celeridade na entrega da tutela pelo Poder Judiciário, decorrente da redução do número de demandas propostas.

Ademais, questões iguais passam a ter a mesma solução (decisão), fortalecendo a segurança jurídica e a confiabilidade na prestação jurisdicional.

Em razão de todo o exposto, a *efetividade da tutela jurisdicional* se concretiza por meio das ações coletivas, as quais devem ser estimuladas e prestigiadas pelo legislador, pela jurisprudência e pela sociedade.

3. Modalidades de direitos metaindividuais

São objeto de tutela metaindividual os direitos difusos, os coletivos em sentido estrito e os individuais homogêneos.

Os direitos difusos são conceituados como "os transindividuais, de natureza indivisível, de que sejam titulares pessoas indeterminadas e ligadas por circunstância de fato" (art. 81, parágrafo único, inciso I, da Lei n. 8.078/90).

No direito difuso, quanto ao aspecto subjetivo, seus *titulares* são *pessoas indeterminadas*; quanto ao aspecto objetivo, o *objeto* do direito (bem jurídico) é *indivisível*[47]. Nessa modalidade de direitos coletivos, um mesmo fato dá origem ao direito difuso, com as referidas características.

A indivisibilidade do bem jurídico é facilmente constatada, pois basta uma única ofensa para que todos os titulares do direito sejam atingidos. Do mesmo modo, a satisfação do direito beneficia a todos os titulares indeterminados ao mesmo tempo.

Os direitos coletivos (em sentido estrito), por sua vez, são definidos como "os transindividuais de natureza indivisível de que seja titular grupo, categoria

---

(46) Cf. DINAMARCO, Pedro da Silva. *Ação civil pública*. São Paulo: Saraiva, 2001. p. 9: "a tutela coletiva é um dos mecanismos mais eficientes nessa necessária tentativa de melhora na prestação de justiça, pois propicia a proteção dos direitos de uma grande gama de pessoas sem congestionar a máquina judiciária com um sem-número de processos individuais".
(47) Cf. DINAMARCO, Pedro da Silva. *Ação civil pública*. São Paulo: Saraiva, 2001. p. 51, inclusive nota 163.

ou classe de pessoas ligadas entre si ou com a parte contrária por uma relação jurídica base" (art. 81, parágrafo único, inciso II, da Lei n. 8.078/90).

O *objeto* dos referidos direitos é *indivisível* (aspecto objetivo)[48], tendo como titular um agrupamento de pessoas, as quais são *determináveis* (aspecto subjetivo), pois serão todas aquelas que constituem o grupo. Por isso se verifica a "relação jurídica base", que liga todas as pessoas inseridas no grupo, categoria ou classe[49].

Os direitos individuais homogêneos, por sua vez, são os "decorrentes de origem comum" (art. 81, parágrafo único, inciso III, da Lei n. 8.078/90). Deve-se esclarecer que os mencionados direitos são, em sua essência, individuais[50]. Por consequência, possuem *titulares determinados* e *objeto divisível*. A particularidade está em que muitas pessoas são detentoras, cada uma delas, de direitos individuais substancialmente iguais (podendo cada titular ter determinadas particularidades não exatamente equivalentes perante os demais).

No entanto, na essência, os direitos são os *mesmos*, daí serem "homogêneos", justificando a possibilidade de serem reunidos para a tutela por meio da mesma ação coletiva, ganhando, assim, configuração metaindividual, pois envolvem grupos de pessoas em uma mesma situação.

Essa homogeneidade de direitos decorre da "origem comum", sabendo-se que a origem dos direitos subjetivos são os fatos[51].

Assim, direitos homogêneos são aqueles direitos subjetivos que decorrem dos mesmos fatos.

Efetivamente, há diversas situações em que a partir de um mesmo fato várias pessoas são atingidas de maneira uniforme, isto é, homogênea.

Por isso, esses indivíduos passam a ser titulares, simultaneamente, de direitos subjetivos substancialmente iguais, homogêneos.

---

(48) Cf. DINAMARCO, Pedro da Silva. *Ação civil pública*. São Paulo: Saraiva, 2001. p. 54.
(49) Cf. WATANABE, Kazuo. *Código brasileiro de defesa do consumidor*: comentado pelos autores do anteprojeto. 8. ed. Rio de Janeiro: Forense Universitária, 2005. p. 803: "Essa relação jurídica-base é a preexistente à lesão ou ameaça de lesão do interesse ou direito do grupo, categoria ou classe de pessoas. Não a relação jurídica nascida da própria lesão ou da ameaça de lesão".
(50) Cf. DINAMARCO, Pedro da Silva. *Ação civil pública*. São Paulo: Saraiva, 2001. p. 60: "Eles são verdadeiros interesses individuais, mas *circunstancialmente tratados de forma coletiva*" (destaques do original).
(51) Cf. LACERDA, Galeno. *Comentários ao código de processo civil*. 8. ed. Rio de Janeiro: Forense, 1999. v. 8, t. I, p. 16: "No direito material, a causa donde brota o direito subjetivo, e, portanto, a relação jurídica, é o fato ou o ato jurídico material: o contrato, o ato ilícito, o nascimento, a morte, o testamento etc.".

Tendo em vista essa particularidade, o sistema processual prevê a aplicabilidade dos instrumentos pertinentes à tutela jurisdicional metaindividual, com o objetivo de defendê-los de maneira mais célere e eficiente.

Os direitos metaindividuais, além disso, não são exclusivos do Direito do Consumidor ou Ambiental.

Exemplificando, também nas relações de trabalho a maior parte dos interesses envolve toda uma coletividade de pessoas[52].

É plenamente possível, assim, o ajuizamento de ação visando à defesa de direitos metaindividuais decorrentes das relações de trabalho, do mesmo modo como ocorre no âmbito de outros ramos do Direito[53].

Aliás, é garantido constitucionalmente o direito de ação sem restrições, quer quanto à natureza individual ou coletiva do direito material, quer quanto ao ramo do Direito em que se encontra previsto (art. 5º, inciso XXXV, da Constituição Federal de 1988).

Observado esse aspecto, a legislação processual pertinente aos direitos e interesses coletivos é perfeitamente aplicável ao processo do trabalho[54].

Nesse sentido, como destaca Nelson Nery Junior:

> "A *ação civil pública*, expressão que, diante do direito positivo vigente, é sinônima de *ação coletiva*, pode ser ajuizada na Justiça do Trabalho, com base no sistema constitucional e legal brasileiro.
>
> [...]
>
> Portanto, a ação coletiva que não seja dissídio coletivo (CLT, art. 856 e ss.), nem ação de cumprimento (CLT, art. 872), ações essas que têm regras próprias fixadas na CLT, devem ser ajuizadas com fundamento no *sistema normativo do processo civil coletivo* brasileiro (CF, LACP, CDC e, subsidiariamente, CPC)." (destaques do original)[55]

---

(52) LEAL, Ronaldo José Lopes. A jurisdição trabalhista e a tutela dos direitos coletivos. In: SILVESTRE, Rita Maria; NASCIMENTO, Amauri Mascaro (coord.). *Os novos paradigmas do direito do trabalho*: homenagem a Valentin Carrion. São Paulo: Saraiva, 2001. p. 606.
(53) NERY JUNIOR, Nelson. *Código brasileiro de defesa do consumidor*: comentado pelos autores do anteprojeto. 8. ed. Rio de Janeiro: Forense Universitária, 2005.
(54) LEITE, Carlos Henrique Bezerra. Ações coletivas e tutela antecipada no direito processual do trabalho. *Revista LTr*, São Paulo, ano 64, n. 7, p. 856, jul. 2000: "Para implementar essa nova '*jurisdição civil coletiva*', portanto, é condição *sine qua non* observar, aprioristicamente, o sistema integrado de tutela coletiva instituído conjuntamente pela LACP (art. 21) e pelo CDC (arts. 83 e 90). Noutro falar, somente na hipótese de lacunosidade do sistema integrado de acesso coletivo à justiça (LACP e CDC), aí, sim, poderá o juiz do trabalho socorrer-se da aplicação supletória da CLT, do CPC e de outros diplomas normativos pertinentes" (destaques do original).
(55) NERY JUNIOR, Nelson. O processo do trabalho e os direitos individuais homogêneos — um estudo sobre a ação civil pública trabalhista. *Revista LTr*, São Paulo, ano 64, n. 2, p. 154, fev. 2000.

4. Sistema de tutela jurisdicional dos direitos metaindividuais

Ainda quanto ao tema em estudo, observa-se a presença de um verdadeiro *sistema de tutela jurisdicional metaindividual*, no qual merecem destaque o Código de Defesa do Consumidor e a Lei da Ação Civil Pública, viabilizando a solução uniforme e concentrada de controvérsias envolvendo várias pessoas e grupos atingidos por violações coletivas de direitos.

Os mencionados diplomas legais apresentam importantes disposições na regulamentação dessa modalidade de processo coletivo.

O art. 21 da Lei da Ação Civil Pública (Lei n. 7.347, de 24 de julho de 1985) foi acrescentado pela Lei n. 8.078/90 (Código de Defesa do Consumidor), determinando expressamente que para a defesa dos "direitos e interesses difusos, coletivos e individuais", é aplicável o "Título III da Lei que instituiu o Código de Defesa do Consumidor".

O mencionado Código, em seu Título III, trata da "Defesa do Consumidor em Juízo".

À primeira vista, poder-se-ia imaginar que esse diploma legal teria aplicação restrita às questões pertinentes ao Direito do Consumidor.

Não obstante, a própria remissão feita pelo art. 21 da LACP desfaz essa conclusão apressada, pois, de modo expresso, foi ampliado consideravelmente o espectro de incidência de suas normas, passando a abranger a defesa de quaisquer direitos e interesses difusos, coletivos e individuais homogêneos.

Por sua vez, o art. 90 do Código de Defesa do Consumidor faz remissão à Lei da Ação Civil Pública, dispondo que às ações previstas no mesmo Título III, aplica-se a "Lei n. 7.347, de 24 de julho de 1985".

Como se pode notar, as disposições do Título III do Código do Consumidor e da Lei da Ação Civil Pública aplicam-se a quaisquer direitos e interesses difusos, coletivos e individuais homogêneos[56].

5. Direitos heterogêneos

Como já referido, os *direitos metaindividuais* ou coletivos em sentido amplo podem ser entendidos como o gênero, do qual fazem parte os *direitos difusos*,

---

(56) Cf. WATANABE, Kazuo. *Código brasileiro de defesa do consumidor:* comentado pelos autores do anteprojeto. 8. ed. Rio de Janeiro: Forense Universitária, 2005. p. 792: "A mais perfeita interação entre o Código e a Lei n. 7.347, de 24.7.1985, está estabelecida nos arts. 90 e 110 *usque* 117, [...] da mesma forma que todos os avanços do Código são também aplicáveis ao sistema de tutela de direitos criados pela Lei n. 7.347".

os *coletivos em sentido estrito* e os *individuais homogêneos*, conforme previsão na Lei n. 8.078/1990, art. 81, parágrafo único, incisos I, II e III (Código de Defesa do Consumidor) e na Lei n. 7.347/1985, arts. 1º, inciso IV, e 21 (Lei da Ação Civil Pública)[57].

Os mencionados direitos transindividuais são aptos a ser tutelados, assim, por meio de ação civil pública ou ação coletiva.

Na verdade, a mesma situação de fato pode dar origem a direitos difusos, coletivos e individuais homogêneos, conforme a *causa de pedir* e o *pedido* que são apresentados na demanda.

Apesar do acima exposto, quando o caso envolve questões nitidamente individuais, *que dependem do exame de cada uma das hipóteses concretas*, com ausência de possíveis questões comuns, ou mesmo quando as questões particulares prevalecem sobre as comuns, na realidade, não se observa a presença de direito individual homogêneo.

Nesse enfoque, segundo esclarece Sergio Pinto Martins:

> *"No reconhecimento de vínculo de emprego em ação civil pública não há interesse ou direitos individuais homogêneos, pois as circunstâncias de fato podem não ser as mesmas; cada caso é um caso.* [...] Não se pode declarar na ação civil pública que todos os trabalhadores são empregados ou que devam ser anotadas as Carteiras de Trabalho de todos trabalhadores, pois os interesses *ou direitos são individuais em relação a cada trabalhador, mas não são homogêneos. Há necessidade de prova individual para cada trabalhador envolvido.* Os trabalhadores não são individualizados na ação civil pública nem o Ministério Público do Trabalho sabe quem são eles individualmente. Pode não existir a mesma situação de fato para cada trabalhador. [...] Nos casos em que se discute vínculo de emprego, o Ministério Público do Trabalho não tem legitimidade para propor ação civil pública contra as empresas [...], pois *a questão é individual e não coletiva."* (destaquei)[58]

Ainda a respeito do tema, no âmbito da jurisprudência, cabe destacar o seguinte julgado:

> "SUBSTITUIÇÃO PROCESSUAL. DECLARAÇÃO DE RELAÇÃO DE EMPREGO. DIREITO INDIVIDUAL SEM DIMENSÃO COLETIVA. INADEQUAÇÃO DO PROCEDIMENTO DO CÓDIGO DE

---

(57) Cf. GARCIA, Gustavo Filipe Barbosa. *Curso de direito processual do trabalho*. 4. ed. Rio de Janeiro: Forense, 2015. p. 966-968.
(58) Cf. MARTINS, Sergio Pinto. *Direito processual do trabalho*. 34. ed. São Paulo: Atlas, 2013. p. 609.

DEFESA DO CONSUMIDOR. NECESSIDADE DE IDENTIFICAÇÃO DOS SUBSTITUÍDOS. A declaração da existência do vínculo de emprego pressupõe a investigação da situação pessoal de cada um dos substituídos, já que para a efetividade do provimento é imprescindível averiguar o concurso dos requisitos do art. 3º da Consolidação. A situação não envolve direito individual homogêneo, que, além da origem comum, pressupõe a prevalência das questões comuns sobre as questões individuais de cada substituído. A hipótese é de direito individual puro ou heterogêneo, que não tem dimensão coletiva porque as questões individuais prevalecem sobre as questões comuns. Ao contrário do que ocorre com o direito individual homogêneo, em que a predominância das questões comuns conduz a situação de uniformidade que permite a emissão de provimento genérico e torna desnecessária a identificação dos substituídos até o momento de liquidação da sentença, a efetividade da declaração da existência de vínculo de emprego exige a prévia identificação dos substituídos, já que a eliminação da crise de certeza a que se destina o provimento declaratório depende da cognição de questões individuais de cada um dos trabalhadores. Sem a identificação dos substituídos, o pedido é indeterminado e, de consequência, sua apreciação conduziria a provimento desprovido de qualquer utilidade. Apelo da entidade sindical ao qual se nega provimento para o fim de confirmar a extinção do processo sem resolução do mérito inadequação da via processual." (TRT/SP — 2ª Reg., 6ª T., RO, Processo n. 00114-2007-081-02-00-8, Acórdão n. 20080351217, Rel. Des. Salvador Franco de Lima Laurino, DOE/SP 2.5.2008)

Como se pode notar, a prevalência de questões individuais afasta a possibilidade da tutela dos mencionados direitos de forma metaindividual, inclusive por ser inviável, bem como inadequado e incorreto, o tratamento de direito exclusivamente individual, ou nitidamente heterogêneo, de modo coletivo[59].

---

(59) Cf. VIGLIAR, José Marcelo Menezes. *Interesses individuais homogêneos e seus aspectos polêmicos*. 2. ed. São Paulo: Saraiva, 2008. p. 21-22 (fazendo referência a GRINOVER, Ada Pellegrini. Da "class action for damages" à ação de classe brasileira: os requisitos de admissibilidade. *Revista da Pós-Graduação da Faculdade de Direito da Universidade de São Paulo*, n. 20): "Com efeito, *sem que se conclua pela prevalência do coletivo sobre o individual, a tutela coletiva de interesses individuais de origem comum não se viabiliza. Torna-se ineficaz. Apresenta-se* — acrescentaria — *como um sistema processual indevido*. Efetivamente, *prevalecendo aspectos individuais sobre o coletivo*, diante, *v. g.*, do reduzidíssimo número de envolvidos e da especial consequência suportada por cada um, *a tutela individual*, feita segundo as regras individualistas do Código de Processo Civil, *mostrar-se-ia mais eficaz, proporcionando com a dedução de pedidos certos, aptos à satisfação da situação fática reclamada por cada um dos interessados, tutela jurisdicional mais adequada, mais rápida e mesmo mais econômica*. [...] Numa palavra, *aspectos coletivos devem sobressair em relação a situações individuais para que a tutela coletiva de interesses individuais se justifique*" (destaquei).

6. Conclusão

A defesa de direitos transindividuais por meio de ações civis públicas e coletivas conduz à efetividade do processo, na atuação do Direito material, com vistas ao bem comum e à pacificação dos conflitos sociais com justiça.

Apesar disso, deve-se ressaltar que a tutela jurisdicional metaindividual é adequada para a defesa dos direitos difusos, coletivos e individuais homogêneos, os quais não se confundem com os direitos heterogêneos.

Vale dizer, não se deve banalizar a utilização de ações civis públicas e coletivas para a defesa de todos e quaisquer direitos, sob pena de prejuízos à própria efetividade da tutela jurisdicional.

Não havendo questões comuns, ou mesmo se as questões particulares prevalecerem sobre as comuns, não se observa adequação na incidência do sistema processual de tutela coletiva para a solução do conflito, justamente por se tratar de realidade distinta, regida por sistemática jurisdicional própria.

7. Bibliografia

ALMEIDA, Gregório Assagra de. *Direito processual coletivo brasileiro*: um novo ramo do direito processual. São Paulo: Saraiva, 2003.

DINAMARCO, Cândido Rangel. *Instituições de direito processual civil*. São Paulo: Malheiros, 2001. v. 1.

DINAMARCO, Pedro da Silva. *Ação civil pública*. São Paulo: Saraiva, 2001.

GARCIA, Gustavo Filipe Barbosa. *Curso de direito processual do trabalho*. 4. ed. Rio de Janeiro: Forense, 2015.

GRINOVER, Ada Pellegrini. *Código brasileiro de defesa do consumidor*: comentado pelos autores do anteprojeto. 8. ed. Rio de Janeiro: Forense Universitária, 2005.

LACERDA, Galeno. *Comentários ao código de processo civil*. 8. ed. Rio de Janeiro: Forense, 1999. v. 8, t. I.

LEAL, Ronaldo José Lopes. A jurisdição trabalhista e a tutela dos direitos coletivos. In: SILVESTRE, Rita Maria; NASCIMENTO, Amauri Mascaro (coord.). *Os novos paradigmas do direito do trabalho*: homenagem a Valentin Carrion. São Paulo: Saraiva, 2001.

LEITE, Carlos Henrique Bezerra. Ações coletivas e tutela antecipada no direito processual do trabalho. *Revista LTr*, São Paulo, ano 64, n. 7, p. 856, jul. 2000.

MARTINS, Sergio Pinto. *Direito processual do trabalho*. 34. ed. São Paulo: Atlas, 2013.

NERY JUNIOR, Nelson. *Código brasileiro de defesa do consumidor*: comentado pelos autores do anteprojeto. 8. ed. Rio de Janeiro: Forense Universitária, 2005.

_____. O processo do trabalho e os direitos individuais homogêneos — um estudo sobre a ação civil pública trabalhista. *Revista LTr*, São Paulo, ano 64, n. 2, p. 154, fev. 2000.

VIGLIAR, José Marcelo Menezes. *Interesses individuais homogêneos e seus aspectos polêmicos*. 2. ed. São Paulo: Saraiva, 2008.

WATANABE, Kazuo. *Código brasileiro de defesa do consumidor:* comentado pelos autores do anteprojeto. 8. ed. Rio de Janeiro: Forense Universitária, 2005.

Capítulo 4

Direitos da Personalidade do Empregado e Limites do Poder de Direção do Empregador

Sumário: 1. Introdução; 2. Direitos de personalidade: conceituação; 3. Natureza dos direitos da personalidade; 4. Titularidade dos direitos da personalidade; 5. Previsão constitucional dos direitos da personalidade; 6. Características dos direitos da personalidade; 7. Classificação dos direitos da personalidade; 8. Poder de direção do empregador; 9. Poder de direção e direitos da personalidade; 9. Conclusão; 10. Bibliografia.

1. Introdução

O presente capítulo tem como objetivo examinar a incidência dos direitos da personalidade na relação de emprego.

Nesse sentido, cabe verificar os limites do poder de direção do empregador, o qual é exercido no âmbito do contrato de trabalho.

No exercício desse poder pelo empregador, que tem como fundamento o direito de propriedade, bem como o próprio contrato de trabalho, são frequentes as colisões com os mencionados direitos da personalidade dos trabalhadores.

Cabe examinar, em cada caso, o direito que deve prevalecer, ao se sopesar os direitos em colisão, normalmente dotados de natureza fundamental.

Nessa difícil tarefa de definir o direito que deve prevalecer, é de extrema importância considerar os valores fundamentais da dignidade da pessoa humana, do valor social do trabalho, bem como da função social da empresa e da livre iniciativa.

Mesmo porque, em caso de ameaça ou lesão a direito da personalidade do empregado, cabe invocar as garantias constitucionais de acesso à justiça e de efetividade da tutela jurisdicional.

O tema, assim, apresenta nítida relevância, por envolver possível colisão de direitos de titularidade dos sujeitos do vínculo jurídico trabalhista.

2. Direitos de personalidade: conceituação

Os direitos da personalidade ou direitos personalíssimos são aqueles que se referem aos atributos físicos, psíquicos, intelectuais e morais da pessoa em si e em suas projeções sociais[60].

Portanto, os mencionados direitos são inerentes à pessoa humana e envolvem a sua esfera *extrapatrimonial*[61].

Entende-se que o indivíduo tem valores superiores, os quais devem ser tutelados pelo Direito e não são redutíveis pecuniariamente, como é o caso da vida, da integridade física e psíquica, da intimidade e da honra.

Os direitos da personalidade, embora tenham a sua origem doutrinária e normativa no Direito Civil, são plenamente aplicáveis nas relações de trabalho, em especial no âmbito do vínculo de emprego.

O Código Civil de 2002, nesse enfoque, apresenta importante disciplina relativa aos direitos da personalidade, os quais podem ser entendidos como aqueles que são inerentes à pessoa humana, seja quando esta é levada em consideração em si mesma, seja em suas diversas relações na vida em sociedade.

3. Natureza dos direitos da personalidade

Os direitos da personalidade são assegurados nos planos internacional e constitucional como direitos humanos e fundamentais, exercidos sobre a

---

(60) Cf. GAGLIANO, Pablo Stolze; PAMPLONA FILHO, Rodolfo. *Novo curso de direito civil*: parte geral. 6. ed. São Paulo: Saraiva, 2005. v. 1, p. 150.
(61) Cf. BITTAR, Carlos Alberto. *Curso de direito civil*. Rio de Janeiro: Forense Universitária, 1994. v. 1, p. 208.

própria pessoa, tendo por objeto as projeções físicas, psíquicas, intelectuais e morais do ser humano[62].

Os referidos direitos são relativos a certos atributos inerentes à condição humana, cabendo ao Estado reconhecê-los e protegê-los, tendo em vista o seu caráter fundamental e inerente à condição humana.

4. Titularidade dos direitos da personalidade

São titulares dos direitos da personalidade os seres humanos, os nascituros e mesmo a pessoa jurídica, como no caso do nome, da honra e da imagem[63].

Nesse sentido, nos termos do art. 52 do Código Civil de 2002, aplica-se às pessoas jurídicas, no que couber, a proteção dos direitos da personalidade[64].

O empregado, como sujeito da relação de emprego, é titular de direitos da personalidade, os quais devem ser respeitados também na esfera do contrato de trabalho, em especial pelo empregador[65].

5. Previsão constitucional dos direitos da personalidade

Os direitos da personalidade apresentam importância diferenciada e passaram a ser previstos, de forma expressa ou implícita, também na *esfera constitucional*, aproximando essa relevante temática dos *direitos fundamentais*, bem como dos *direitos humanos*, conforme o reconhecimento dos direitos em questão no plano do *Direito Internacional*.

Nesse enfoque, o art. 5º da Constituição da República, no âmbito dos *direitos e garantias fundamentais*, assegura a inviolabilidade do direito à vida, à liberdade, à igualdade, à segurança e à propriedade, bem como diversos outros direitos da personalidade, como a seguir exemplificados[66].

Desse modo, homens e mulheres são iguais em direitos e obrigações, nos termos da Constituição (art. 5º, inciso I, da CRFB/1988).

---

(62)   Cf. ALVARENGA, Rúbia Zanotelli de. *Direitos da personalidade do trabalhador e poder empregatício*. São Paulo: LTr, 2013. p. 73-76.
(63)   Cf. VÁLIO, Marcelo Roberto Bruno. *Os direitos da personalidade nas relações de trabalhado*. São Paulo: LTr, 2006. p. 24.
(64)   Cf. Súmula n. 227 do STJ: "A pessoa jurídica pode sofrer dano moral".
(65)   Cf. BARROS, Alice Monteiro de. *Proteção à intimidade do empregado*. 2. ed. São Paulo: LTr, 2009. p. 25: "A inserção do empregado no ambiente de trabalho não lhe retira os direitos da personalidade".
(66)   Cf. ALVARENGA, Rúbia Zanotelli de. *Direitos da personalidade do trabalhador e poder empregatício*. São Paulo: LTr, 2013. p. 82-83.

Ninguém pode ser obrigado a fazer ou deixar de fazer alguma coisa senão em virtude de lei (art. 5º, inciso II, da CRFB/1988), consoante o princípio da legalidade.

Além disso, ninguém pode ser submetido a tortura nem a tratamento desumano ou degradante (art. 5º, inciso III, da CRFB/1988), pois deve-se preservar a integridade física e psíquica da pessoa.

É livre a manifestação do pensamento, sendo vedado o anonimato (art. 5º, inciso IV, da CRFB/1988).

O art. 5º, inciso V, da Constituição Federal de 1988, por seu turno, dispõe ser assegurado o direito de resposta, proporcional ao agravo, além da indenização por dano material, moral ou à imagem.

É inviolável a liberdade de consciência e de crença, sendo assegurado o livre exercício dos cultos religiosos e garantida, na forma da lei, a proteção aos locais de culto e a suas liturgias (art. 5º, inciso VI, da CRFB/1988).

Ninguém pode ser privado de direitos por motivo de crença religiosa ou de convicção filosófica ou política, salvo se as invocar para eximir-se de obrigação legal a todos imposta e recusar-se a cumprir prestação alternativa, fixada em lei (art. 5º, inciso VIII, da CRFB/1988).

É livre a expressão da atividade intelectual, artística, científica e de comunicação, independentemente de censura ou licença (art. 5º, inciso IX, da CRFB/1988).

São invioláveis a intimidade, a vida privada, a honra e a imagem das pessoas, assegurado o direito a indenização pelo dano material ou moral decorrente de sua violação (art. 5º, inciso X, da CRFB/1988).

A casa é asilo inviolável do indivíduo, ninguém nela podendo penetrar sem consentimento do morador, salvo em caso de flagrante delito ou desastre, ou para prestar socorro, ou, durante o dia, por determinação judicial (art. 5º, inciso XI, da CRFB/1988).

Ainda de acordo com o art. 5º, inciso XII, da Constituição da República, é inviolável o sigilo da correspondência e das comunicações telegráficas, de dados e das comunicações telefônicas, salvo, no último caso, por ordem judicial, nas hipóteses e na forma que a lei estabelecer para fins de investigação criminal ou instrução processual penal.

É livre o exercício de qualquer trabalho, ofício ou profissão, atendidas as qualificações profissionais que a lei estabelecer (art. 5º, inciso XIII, da CRFB/1988).

É assegurado a todos o acesso à informação e resguardado o sigilo da fonte, quando necessário ao exercício profissional (art. 5º, inciso XIV, da CRFB/1988).

É livre a locomoção no território nacional em tempo de paz, podendo qualquer pessoa, nos termos da lei, nele entrar, permanecer ou dele sair com seus bens (art. 5º, inciso XV, da CRFB/1988).

É plena a liberdade de associação para fins lícitos, vedada a de caráter paramilitar (art. 5º, inciso XVII, da CRFB/1988).

Aos autores pertence o direito exclusivo de utilização, publicação ou reprodução de suas obras, transmissível aos herdeiros pelo tempo que a lei fixar (art. 5º, inciso XXVII, da CRFB/1988).

São ainda assegurados, nos termos da lei: a) a proteção às participações individuais em obras coletivas e à reprodução da imagem e voz humanas, inclusive nas atividades desportivas; b) o direito de fiscalização do aproveitamento econômico das obras que criarem ou de que participarem aos criadores, aos intérpretes e às respectivas representações sindicais e associativas (art. 5º, inciso XXVIII, da CRFB/1988).

Cabe à lei assegurar aos autores de inventos industriais privilégio temporário para sua utilização, bem como proteção às criações industriais, à propriedade das marcas, aos nomes de empresas e a outros signos distintivos, tendo em vista o interesse social e o desenvolvimento tecnológico e econômico do País (art. 5º, inciso XXIX, da CRFB/1988).

Como forma de assegurar o respeito aos direitos humanos, fundamentais e da personalidade, a Constituição da República também prevê que a lei não pode excluir da apreciação do Poder Judiciário qualquer lesão ou ameaça a direito (art. 5º, inciso XXXV, da CRFB/1988).

6. Características dos direitos da personalidade

Os direitos da personalidade, como já mencionado, são direitos inerentes à pessoa, em suas projeções física, psíquica, intelectual e moral[67].

Os referidos direitos apresentam *caráter absoluto*, com oponibilidade *erga omnes* e dever de respeito imposto a todos[68].

Caracterizam-se, ainda, pela *generalidade*, pois são assegurados a todas as pessoas, pelo simples fato de existirem[69].

---

(67) Cf. GAGLIANO, Pablo Stolze; PAMPLONA FILHO, Rodolfo. *Novo curso de direito civil*: parte geral. 6. ed. São Paulo: Saraiva, 2005. v. 1, p. 157-158.
(68) Cf. VÁLIO, Marcelo Roberto Bruno. *Os direitos da personalidade nas relações de trabalhado*. São Paulo: LTr, 2006. p. 24.
(69) Cf. GAGLIANO, Pablo Stolze; PAMPLONA FILHO, Rodolfo. *Novo curso de direito civil*: parte geral. 6. ed. São Paulo: Saraiva, 2005. v. 1, p. 159.

Nesse contexto, ninguém pode ser constrangido a submeter-se, com risco de vida, a tratamento médico ou a intervenção cirúrgica (art. 15 do Código Civil de 2002).

A *extrapatrimonialidade* significa a ausência de conteúdo patrimonial direto, aferível objetivamente, ainda que a sua lesão possa gerar efeitos econômicos. Observam-se certas manifestações pecuniárias de algumas espécies de direitos, como no caso dos direitos autorais morais (de personalidade propriamente) e patrimoniais (direito de utilizar, fruir e dispor da obra)[70].

Conforme o art. 20 do Código Civil, salvo se autorizadas, ou se necessárias à administração da justiça ou à manutenção da ordem pública, a divulgação de escritos, a transmissão da palavra, ou a publicação, a exposição ou a utilização da imagem de uma pessoa podem ser proibidas, a seu requerimento e sem prejuízo da indenização que couber, se lhe atingirem a honra, a boa fama ou a respeitabilidade, ou se se destinarem a fins comerciais. Em se tratando de morto ou de ausente, são partes legítimas para requerer essa proteção o cônjuge, os ascendentes ou os descendentes.

Os direitos da personalidade são, ainda, caracterizados pela *indisponibilidade* e pela *intransmissibilidade*, significando a inalienabilidade do direito, de modo que não se admite a cessão do direito a outro sujeito pelo seu titular. Entretanto, cabe registrar que alguns poderes ínsitos aos direitos da personalidade podem ser excepcionalmente transmitidos. Exemplificando, é possível a cessão de uso dos direitos à imagem[71].

De acordo com o art. 13 do Código Civil de 2002, salvo por exigência médica, é defeso o ato de disposição do próprio corpo, quando importar diminuição permanente da integridade física, ou contrariar os bons costumes. Entretanto, o referido ato é admitido para fins de transplante, na forma estabelecida em lei especial.

Frise-se ser válida, com objetivo científico, ou altruístico, a disposição gratuita do próprio corpo, no todo ou em parte, *para depois da morte*. O ato de disposição pode ser livremente revogado a qualquer tempo (art. 14 do Código Civil de 2002).

A *irrenunciabilidade* significa a impossibilidade de abandono dos direitos da personalidade[72], os quais não podem ser abdicados, por

---

(70) Cf. GAGLIANO, Pablo Stolze; PAMPLONA FILHO, Rodolfo. *Novo curso de direito civil*: parte geral. 6. ed. São Paulo: Saraiva, 2005. v. 1, p. 159-160.
(71) Cf. GAGLIANO, Pablo Stolze; PAMPLONA FILHO, Rodolfo. *Novo curso de direito civil*: parte geral. 6. ed. São Paulo: Saraiva, 2005. v. 1, p. 160-161.
(72) Cf. VÁLIO, Marcelo Roberto Bruno. *Os direitos da personalidade nas relações de trabalhado*. São Paulo: LTr, 2006. p. 24.

serem essenciais[73]. Nesse sentido, exemplificando, ninguém pode dispor de sua vida.

A respeito do tema, segundo o art. 11 do Código Civil de 2002, com exceção dos casos previstos em lei, os direitos da personalidade são intransmissíveis e irrenunciáveis, não podendo o seu exercício sofrer limitação voluntária.

A *imprescritibilidade* significa que inexiste prazo para o seu exercício, não se extinguindo pelo não uso[74].

Entretanto, reconhece-se ser prescritível a pretensão de reparação por violação a direito da personalidade, decorrente de responsabilidade civil[75].

A *impenhorabilidade* dos direitos da personalidade decorre de sua indisponibilidade, conforme já mencionado[76].

A *vitaliciedade* indica tratar-se de direitos inatos e permanentes, acompanhando a pessoa até a morte[77].

Ainda assim, há direitos da personalidade que se projetam até mesmo além da morte, como o direito ao corpo[78].

O art. 12 do Código Civil de 2002 prevê ser possível exigir que cesse a ameaça, ou a lesão, a direito da personalidade, e reclamar perdas e danos, sem prejuízo de outras sanções previstas em lei.

Em se tratando de morto, tem legitimação para requerer a referida medida o cônjuge sobrevivente, ou qualquer parente em linha reta, ou colateral até o quarto grau.

7. Classificação dos direitos da personalidade

Os direitos da personalidade podem ser classificados conforme o valor ou bem jurídico protegido, isto é, a integridade física, a integridade psíquica, intelectual e a integridade moral[79].

---

(73) Cf. BITTAR, Carlos Alberto. *Curso de direito civil*. Rio de Janeiro: Forense Universitária, 1994. v. 1, p. 208.
(74) Cf. VÁLIO, Marcelo Roberto Bruno. *Os direitos da personalidade nas relações de trabalhado*. São Paulo: LTr, 2006. p. 24.
(75) Cf. GAGLIANO, Pablo Stolze; PAMPLONA FILHO, Rodolfo. *Novo curso de direito civil*: parte geral. 6. ed. São Paulo: Saraiva, 2005. v. 1, p. 162.
(76) Cf. BITTAR, Carlos Alberto. *Curso de direito civil*. Rio de Janeiro: Forense Universitária, 1994. v. 1, p. 208; GAGLIANO, Pablo Stolze; PAMPLONA FILHO, Rodolfo. *Novo curso de direito civil*: parte geral. 6. ed. São Paulo: Saraiva, 2005. v. 1, p. 163.
(77) Cf. VÁLIO, Marcelo Roberto Bruno. *Os direitos da personalidade nas relações de trabalhado*. São Paulo: LTr, 2006. p. 23.
(78) Cf. GAGLIANO, Pablo Stolze; PAMPLONA FILHO, Rodolfo. *Novo curso de direito civil*: parte geral. 6. ed. São Paulo: Saraiva, 2005. v. 1, p. 163.
(79) Cf. ALVARENGA, Rúbia Zanotelli de. *Direitos da personalidade do trabalhador e poder empregatício*. São Paulo: LTr, 2013. p. 76. Cf. ainda GAGLIANO, Pablo Stolze; PAMPLONA

No caso da vida e da integridade física, protegem-se o corpo vivo, o cadáver e a voz.

A integridade psíquica refere-se à higidez mental. A integridade intelectual abrange a liberdade de pensamento, as criações intelectuais, a autoria artística e científica e as invenções.

A integridade moral, por sua vez, envolve a honra, a imagem, a privacidade, a intimidade, o segredo e a identidade pessoal.

O art. 21 do Código Civil, nesse contexto, dispõe que a vida privada da pessoa natural é inviolável, e o juiz, a requerimento do interessado, deve adotar as providências necessárias para impedir ou fazer cessar ato contrário a essa norma.

Quanto à identidade, toda pessoa tem direito ao nome, nele compreendidos o prenome e o sobrenome (art. 16 do Código Civil).

O nome da pessoa não pode ser empregado por outrem em publicações ou representações que a exponham ao desprezo público, ainda quando não haja intenção difamatória (art. 17 do Código Civil). Sem autorização, não se pode usar o nome alheio em propaganda comercial (art. 18 do Código Civil).

Além disso, o pseudônimo adotado para atividades lícitas goza da proteção que se dá ao nome (art. 19 do Código Civil).

Cabe frisar que a dignidade da pessoa humana é fundamento do Estado Democrático de Direito, conforme o art. 1º, inciso III, da Constituição da República, considerado o valor essencial a ser protegido e promovido pelo sistema jurídico[80].

Os direitos da personalidade, assim, têm como objetivo fazer com que a dignidade da pessoa humana seja respeitada[81].

Desse modo, no âmbito trabalhista, deve-se enfatizar a especial relevância da Segurança e Medicina do Trabalho.

Nesse sentido, a Constituição Federal de 1988, no art. 7º, inciso XXII, assegura o direito à redução dos riscos inerentes ao trabalho, por meio de normas de saúde, higiene e segurança.

FILHO, Rodolfo. *Novo curso de direito civil*: parte geral. 6. ed. São Paulo: Saraiva, 2005. v. 1, p. 164; BARROS, Alice Monteiro de. *Proteção à intimidade do empregado*. 2. ed. São Paulo: LTr, 2009. p. 25; BITTAR, Carlos Alberto. *Curso de direito civil*. Rio de Janeiro: Forense Universitária, 1994. v. 1, p. 212.

(80) Cf. CAVALIERI FILHO, Sergio. *Programa de responsabilidade civil*. 8. ed. São Paulo: Atlas, 2008. p. 80: "Os direitos à honra, ao nome, à intimidade, à privacidade e à liberdade estão englobados no *direito à dignidade*, verdadeiro fundamento e essência de cada preceito constitucional relativo aos direitos da pessoa humana" (destaques do original).

(81) Cf. SIMÓN, Sandra Lia. *A proteção constitucional da intimidade e da vida privada do empregado*. São Paulo: LTr, 2000. p. 63.

8. Poder de direção do empregador

O poder de direção é previsto no art. 2º, *caput*, da Consolidação das Leis do Trabalho, podendo ser conceituado como o que autoriza o empregador a organizar, controlar e disciplinar a prestação de serviços pelo empregado, a qual ocorre, assim, de forma subordinada[82].

O poder diretivo também é entendido como a prerrogativa do empregador de dirigir, regulamentar, fiscalizar e disciplinar o trabalho prestado pelo empregado.

O referido poder, de titularidade do empregador, tem como fundamento constitucional o direito de propriedade, assegurado no art. 5º, *caput* e inciso XXII, da Constituição da República, mas que deve atender a sua função social (art. 5º, inciso XXIII, e art. 170, inciso III, da Constituição Federal de 1988), sendo decorrente do contrato de trabalho.

O exercício do poder de direção é, justamente, o fator que gera a subordinação jurídica, presente na relação de emprego.

Vale dizer, o empregado trabalha de forma subordinada em razão do exercício do poder de direção pelo empregador.

Cabe ressaltar que o poder de direção não é ilimitado, mas deve ser exercido conforme os parâmetros estabelecidos nas normas constitucionais e legais, bem como em consonância com os direitos e garantias fundamentais dos trabalhadores.

O abuso no exercício do poder de direção não é admitido pelo sistema jurídico, de modo que o empregado pode a ele se opor, tendo direito à prevenção e à reparação da decorrente lesão, tanto na esfera material como moral.

No sentido exposto, consoante o art. 187 do Código Civil de 2002, também comete ato ilícito o titular de um direito que, ao exercê-lo, excede manifestamente os limites impostos pelo seu fim econômico ou social, pela boa-fé ou pelos bons costumes.

9. Poder de direção e direitos da personalidade

Observados os aspectos anteriores, verifica-se abuso no exercício do poder de direção quando ocorre a violação dos direitos da personalidade do

---

(82) Cf. GARCIA, Gustavo Filipe Barbosa. *Curso de direito do trabalho*. 9. ed. Rio de Janeiro: Forense, 2015. p. 357.

empregado, como a honra, a intimidade, a privacidade, a integridade física e psíquica[83].

Caso isso ocorra, os atos praticados pelo empregador estarão fora dos limites do poder diretivo, gerando a violação de direitos da personalidade do empregado, configurando dano moral, passível de indenização.

A respeito do tema, de acordo com o art. 186 do Código Civil de 2002, aquele que, por ação ou omissão voluntária, negligência ou imprudência, violar direito e causar dano a outrem, *ainda que exclusivamente moral*, comete ato ilícito.

Em conformidade com o art. 927 do mesmo diploma legal, aquele que, por ato ilícito (arts. 186 e 187), causar dano a outrem, fica obrigado a repará-lo.

Nesse sentido, cabe fazer referência ao seguinte julgado:

"AGRAVO DE INSTRUMENTO. RECURSO DE REVISTA. PROCESSO SOB A ÉGIDE DA LEI N. 13.015/2014. 1. INDENIZAÇÃO POR DANOS MORAIS. TRATAMENTO VEXATÓRIO E HUMILHANTE. 2. DO *QUANTUM* INDENIZATÓRIO. DECISÃO DENEGATÓRIA. MANUTENÇÃO. O direito à indenização por danos morais encontra amparo no art. 5º, X, da CF, c/c o art. 186 do Código Civil, bem como nos princípios basilares da nova ordem constitucional, mormente naqueles que dizem respeito à proteção da dignidade humana e da valorização do trabalho humano (art. 1º da CF/88). A conquista e afirmação da dignidade da pessoa humana não mais podem se restringir à sua liberdade e intangibilidade física e psíquica, envolvendo, naturalmente, também a conquista e afirmação de sua individualidade no meio econômico e social, com repercussões positivas conexas no plano cultural — o que se faz, de maneira geral, considerado o conjunto mais amplo e diversificado das pessoas, mediante o trabalho e, particularmente, o emprego. No caso concreto, diante do quadro fático desvelado pela Corte de origem, verifica-se que o Reclamado, em abuso de seu poder diretivo, expôs o Reclamante a ambiente vexatório, em evidente situação humilhante, o que resultou na agressão ao seu direito de personalidade, conferindo-lhe o direito à indenização por danos morais. Outrossim, para que se pudesse chegar, se fosse o caso, a conclusão fática diversa, seria necessário o revolvimento do conteúdo fático-probatório, propósito insuscetível de ser alcançado nesta fase processual, diante do óbice da Súmula 126/TST. Desse modo, não há como assegurar o processamento do

---

(83) Cf. BARROS, Alice Monteiro de. *Proteção à intimidade do empregado*. 2. ed. São Paulo: LTr, 2009. p. 25: "É inadmissível, entretanto, que a ação do empregador se amplie a ponto de ferir a dignidade humana".

recurso de revista quando o agravo de instrumento interposto não desconstitui os termos da decisão denegatória, que ora subsiste por seus próprios fundamentos. Agravo de instrumento desprovido."
(TST, 3ª T., AIRR-10496-16.2013.5.14.0003, Rel. Min. Mauricio Godinho Delgado, DEJT 6.11.2015)

Ademais, segundo o art. 944 do Código Civil de 2002, a indenização mede-se pela extensão do dano.

A indenização, assim, deve ser arbitrada observando as funções compensatória, pedagógica e punitiva, conforme a razoabilidade e o bom-senso, não podendo ser excessiva, ensejando uma fonte de enriquecimento indevido para a vítima, mas não podendo ser fixada em valores irrisórios e simbólicos[84].

A violação dos direitos da personalidade, de natureza fundamental, por consequência, acarreta o dever de indenização dos danos morais sofridos pelos empregados que tiverem os seus mencionados direitos atingidos.

10. Conclusão

Os direitos da personalidade são considerados atributos inerentes à pessoa, com evidente incidência no âmbito da relação de emprego.

O poder de direção do empregador, assim, deve ser exercido dentro de limites estabelecidos pelo sistema jurídico, sem violar os direitos da personalidade do trabalhador.

Portanto, havendo colisão de direitos, em princípio, devem prevalecer os direitos da personalidade do empregado, por decorrerem do valor fundante da dignidade da pessoa humana.

---

(84) "INDENIZAÇÃO POR DANO MORAL. DO *QUANTUM* INDENIZATÓRIO. Inexiste na legislação pátria delineamento do *quantum* a ser fixado a título de dano moral. Caberá ao juiz fixá-lo, equitativamente, sem se afastar da máxima cautela e sopesando todo o conjunto probatório constante dos autos. A lacuna legislativa na seara laboral quanto aos critérios para fixação leva o julgador a lançar mão do princípio da razoabilidade, cujo corolário é o princípio da proporcionalidade, pelo qual se estabelece a relação de equivalência entre a gravidade da lesão e o valor monetário da indenização imposta, de modo que possa propiciar a certeza de que o ato ofensor não fique impune e servir de desestímulo a práticas inadequadas aos parâmetros da lei. É oportuno registrar que a jurisprudência desta Corte vem se direcionando no sentido de rever o valor fixado nas instâncias ordinárias a título de indenização apenas para reprimir valores estratosféricos ou excessivamente módicos, o que não se verifica na hipótese. Recurso de revista não conhecido no aspecto." (TST, 3ª T., RR-464-91.2011.5.09.0671, Rel. Min. Mauricio Godinho Delgado, DJE 18.9.2015).

11. Bibliografia

ALVARENGA, Rúbia Zanotelli de. *Direitos da personalidade do trabalhador e poder empregatício*. São Paulo: LTr, 2013.

BARROS, Alice Monteiro de. *Proteção à intimidade do empregado*. 2. ed. São Paulo: LTr, 2009.

BITTAR, Carlos Alberto. *Curso de direito civil*. Rio de Janeiro: Forense Universitária, 1994. v. 1.

CAVALIERI FILHO, Sergio. *Programa de responsabilidade civil*. 8. ed. São Paulo: Atlas, 2008.

GAGLIANO, Pablo Stolze; PAMPLONA FILHO, Rodolfo. *Novo curso de direito civil*: parte geral. 6. ed. São Paulo: Saraiva, 2005. v. 1.

GARCIA, Gustavo Filipe Barbosa. *Curso de direito do trabalho*. 9. ed. Rio de Janeiro: Forense, 2015.

SIMÓN, Sandra Lia. *A proteção constitucional da intimidade e da vida privada do empregado*. São Paulo: LTr, 2000.

VÁLIO, Marcelo Roberto Bruno. *Os direitos da personalidade nas relações de trabalhado*. São Paulo: LTr, 2006.

Capítulo 5

Incapacidade para o Trabalho Atestada pela Empresa de Empregado Considerado Apto pela Previdência Social

Sumário: 1. Introdução; 2. Auxílio-doença; 3. Suspensão e interrupção do contrato de trabalho; 4. Empregado considerado apto pela Previdência Social; 5. Bibliografia.

1. Introdução

Quando o empregador, por seu setor médico, considera o empregado incapacitado para exercer as atividades laborativas, mas o Instituto Nacional do Seguro Social o considera apto, negando o pagamento de auxílio-doença ou de outro benefício previdenciário, discute-se se a remuneração é devida.

A doença que acarreta a incapacidade para o trabalho gera consequências no contrato de trabalho.

A questão envolve, assim, tanto aspectos do Direito do Trabalho, como do Direito Previdenciário, mesmo porque o empregado é *segurado obrigatório* da Previdência Social (art. 11, inciso I, da Lei n. 8.213/1991).

2. Auxílio-doença

Conforme o art. 476 da CLT, em caso de "seguro-doença ou auxílio-enfermidade, o empregado é considerado em licença não remunerada, durante o prazo desse benefício".

Além disso, não tem direito a férias o empregado que, no curso do período aquisitivo, tiver percebido da Previdência Social prestações de acidente de trabalho ou de auxílio-doença por mais de seis meses, embora descontínuos (art. 133, inciso IV, da CLT).

O art. 201, inciso I, da Constituição da República, determina que a Previdência Social deve ser organizada sob a forma de Regime Geral, de caráter contributivo e de filiação obrigatória, observados critérios que preservem o equilíbrio financeiro e atuarial, e atenderá, nos termos da lei, "a cobertura dos eventos de *doença*, invalidez, morte e idade avançada".

Atendendo ao preceito constitucional, o art. 59 da Lei n. 8.213/1991 dispõe que o *auxílio-doença é devido ao segurado que, havendo cumprido, quando for o caso, o período de carência exigido em lei, ficar incapacitado para o seu trabalho ou para a sua atividade habitual por mais de 15 dias consecutivos.*

Cabe esclarecer que *o auxílio-doença é devido ao segurado empregado a contar do 16º dia do afastamento da atividade,* e, no caso dos demais segurados, a contar da data do início da incapacidade e enquanto ele permanecer incapaz (art. 60 da Lei n. 8.213/1991)[85].

Quando requerido por segurado afastado da atividade por mais de 30 dias, o auxílio-doença é devido a contar da data da entrada do requerimento.

Desse modo, durante os primeiros 15 dias consecutivos ao do afastamento da atividade por motivo de doença, incumbe à empresa pagar ao segurado empregado o seu salário integral[86].

A empresa que dispuser de serviço médico, próprio ou em convênio, tem a seu cargo o exame médico e o abono das faltas correspondentes ao período acima, somente devendo encaminhar o segurado à perícia médica da Previdência Social quando a incapacidade ultrapassar 15 dias.

A Súmula n. 282 do Tribunal Superior do Trabalho também prevê que ao "serviço médico da empresa ou ao mantido por esta última mediante convênio compete abonar os primeiros 15 dias de ausência ao trabalho".

---

(85) Cf. GARCIA, Gustavo Filipe Barbosa. *Curso de direito da seguridade social.* Rio de Janeiro: Forense, 2015. p. 444-450.
(86) Cf. FRANCO FILHO, Georgenor de Sousa. *Curso de direito do trabalho.* São Paulo: LTr, 2015. p. 184.

Sendo assim, nos termos da Súmula n. 15 do TST, ao versar sobre atestado médico, a "justificação da ausência do empregado motivada por doença, para a percepção do salário-enfermidade e da remuneração do repouso semanal, deve observar a ordem preferencial dos atestados médicos estabelecida em lei".

3. Suspensão e interrupção do contrato de trabalho

Tendo em vista as disposições legais em estudo, entende-se que os primeiros 15 dias de afastamento do empregado correspondem a período de *interrupção do contrato de trabalho*, uma vez que o empregado não presta serviço, mas o empregador tem o dever de pagar o salário, havendo o cômputo do tempo de serviço para fins trabalhistas[87].

Diversamente, a partir do 16º dia de afastamento, com o recebimento do auxílio-doença, observa-se a *suspensão do contrato de trabalho*[88].

Portanto, o segurado empregado, inclusive o doméstico, em gozo de auxílio-doença deve ser considerado pela empresa e pelo empregador doméstico como *licenciado* (art. 63 da Lei n. 8.213/1991).

Ainda quanto ao tema, a Súmula n. 440 do Tribunal Superior do Trabalho assim prevê:

> "Auxílio-doença acidentário. Aposentadoria por invalidez. Suspensão do contrato de trabalho. Reconhecimento do direito à manutenção de plano de saúde ou de assistência médica. Assegura-se o direito à manutenção de plano de saúde ou de assistência médica oferecido pela empresa ao empregado, não obstante suspenso o contrato de trabalho em virtude de auxílio-doença acidentário ou de aposentadoria por invalidez."

Ademais, a empresa que garantir ao segurado licença remunerada fica obrigada a pagar-lhe durante o período de auxílio-doença a eventual diferença entre o valor deste e a importância garantida pela licença.

Frise-se ainda que o segurado em gozo de auxílio-doença, insusceptível de recuperação para sua atividade habitual, deve se submeter a processo de *reabilitação profissional* para o exercício de outra atividade.

---

(87) Cf. GARCIA, Gustavo Filipe Barbosa. *Curso de direito do trabalho*. 9. ed. Rio de Janeiro: Forense, 2015. p. 588-590.
(88) Cf. ainda a Súmula n. 371 do TST: "Aviso-prévio indenizado. Efeitos. Superveniência de auxílio-doença no curso deste. A projeção do contrato de trabalho para o futuro, pela concessão do aviso prévio indenizado, tem efeitos limitados às vantagens econômicas obtidas no período de pré-aviso, ou seja, salários, reflexos e verbas rescisórias. No caso de concessão de auxílio-doença no curso do aviso prévio, todavia, só se concretizam os efeitos da dispensa depois de expirado o benefício previdenciário".

Nesse caso, não deve cessar o benefício até que seja dado como habilitado para o desempenho de nova atividade que lhe garanta a subsistência ou, quando considerado não recuperável, for aposentado por invalidez (art. 62 da Lei n. 8.213/1991).

4. Empregado considerado apto pela Previdência Social

A rigor, a legislação não disciplina, de forma expressa, a hipótese em que o empregado é considerado apto pela Previdência Social, mas ainda incapacitado para o exercício das funções pelo setor médico da empresa.

Logo, a questão deve ser solucionada por meio da interpretação sistemática e teleológica do ordenamento jurídico, em consonância com os seus princípios fundantes.

Inicialmente, deve-se salientar que o empregador exerce o poder de direção, mas *assume os riscos da atividade econômica desempenhada* (art. 2º da Consolidação das Leis do Trabalho).

O empregado, assim, ao prestar o serviço, o faz *por conta alheia*, ou seja, de forma subordinada ao empregador.

Em verdade, se o empregador considera o empregado incapacitado para o serviço, deve assumir as consequências dessa sua determinação.

Com isso, havendo divergência entre a deliberação adotada pela empresa e a posição na esfera previdenciária, não pode o empregado ser prejudicado, mesmo porque a sua condição é de parte mais vulnerável e juridicamente subordinada ao empregador.

Vale dizer, na hipótese em estudo, cabe ao empregador remunerar o empregado durante o período em que não há o recebimento de benefício previdenciário, tratando-se de hipótese de *interrupção do contrato de trabalho*, com o cômputo do tempo de serviço, em respeito à dignidade da pessoa humana, entendida como fundamento nuclear do sistema jurídico (art. 1º, inciso III, da Constituição Federal de 1988).

Ademais, o princípio da proteção, inerente ao Direito do Trabalho, engloba o chamado *in dubio pro operario*[89].

Desse modo, havendo dúvida quanto ao sentido e ao alcance das normas jurídicas aplicáveis, estas devem ser interpretadas de modo favorável ao empregado.

---

(89) Cf. RODRIGUEZ, Américo Plá. *Princípios de direito do trabalho*. 3. ed. Tradução e revisão técnica: Wagner D. Giglio. Tradução das atualizações: Edilson Alkmim Cunha. São Paulo: LTr, 2004. p. 110-111.

A respeito do tema, cabe fazer referência ao seguinte julgado:

"RECURSO DE REVISTA. DOENÇA NÃO RELACIONADA AO TRABALHO. CONTRATO DE TRABALHO VIGENTE SEM O PAGAMENTO DE SALÁRIOS. IMPOSSIBILIDADE. O TRT registrou que o reclamante, durante o pacto laboral, sofreu Acidente Vascular Cerebral (AVC), doença não relacionada ao trabalho. Consignou que a Autarquia previdenciária lhe concedeu alta médica e que o serviço médico da empresa o considerou inapto para o exercício da função para a qual foi contratado (motorista), mas habilitado para cumprir outras atividades. Por fim, ressaltou ainda que a reclamada '... optou por manter o Contrato de Trabalho vigente, porém, sem o pagamento dos salários'. No caso dos autos, a reclamada, por liberalidade, preferiu deixar o reclamante sem trabalhar. Entretanto, essa opção não a exime de pagar os salários devidos. Nesse sentido, o art. 459, § 1º, da CLT. A Constituição Federal fundamenta-se na dignidade da pessoa humana e no valor social do trabalho (arts. 1º, III e IV). O atraso, por vários meses, no pagamento de salários compromete a regularidade das obrigações do trabalhador, sem falar no próprio sustento e da sua família, criando estado de permanente apreensão, que, por óbvio, prejudica toda a vida do empregado, muito mais no caso dos autos em que o reclamante havia sofrido um AVC. Portanto, correta a decisão do Tribunal Regional que condenou a reclamada ao pagamento dos salários não pagos até a concessão da aposentadoria por invalidez. Recurso de revista de que não se conhece." (TST, 6ª T., RR — 378-44.2011.5.09.0567, Rel. Min. Kátia Magalhães Arruda, DEJT 4.12.2015)

Desse modo, a ausência de pagamento dos salários (e demais direitos trabalhistas) pelo empregador na hipótese em estudo configura descumprimento das obrigações do contrato de trabalho pela empresa, ou seja, falta grave patronal, autorizando até mesmo a rescisão indireta do contrato de trabalho (art. 483, *d*, da CLT)[90].

---

(90) "Agravo de instrumento. Recurso de revista. Descabimento. 1. Recusa da empresa em readmitir o empregado considerado apto para o retorno ao trabalho pelo INSS. Ato ilícito. Rescisão indireta do contrato de trabalho. 1.1. O contumaz atraso no pagamento de salários enseja a rescisão indireta do contrato individual de trabalho (CLT, art. 483, *d*). Não há que se cogitar, na hipótese, de chancela do trabalhador (pela sua inércia) ou de ausência de imediatidade, de vez que o comportamento faltoso patronal se agrave pela reiteração. 1.2. Tendo o órgão previdenciário considerado o reclamante apto para o retorno ao trabalho, cabia à reclamada, julgando que o empregado não reunia condições para retornar às atividades antes exercidas, zelar pela sua readaptação no local de trabalho em função compatível com seu atual estado de saúde. No entanto, ao não readmitir o autor, deixando de pagar os salários a partir da alta

Ainda assim, o mais adequado seria que a referida questão fosse disciplinada de forma expressa pela lei, ou mesmo por meio de convenção ou acordo coletivo de trabalho, decorrentes de negociação coletiva, afastando a insegurança jurídica existente.

Cabe, portanto, acompanhar a evolução legislativa e jurisprudencial a respeito do relevante e controvertido tema.

5. Bibliografia

GARCIA, Gustavo Filipe Barbosa. *Curso de direito do trabalho*. 9. ed. Rio de Janeiro: Forense, 2015.

_____ . *Curso de direito da seguridade social*. Rio de Janeiro: Forense, 2015.

FRANCO FILHO, Georgenor de Sousa. *Curso de direito do trabalho*. São Paulo: LTr, 2015.

RODRIGUEZ, Américo Plá. *Princípios de direito do trabalho*. 3. ed. Tradução e revisão técnica: Wagner D. Giglio. Tradução das atualizações: Edilson Alkmim Cunha. São Paulo: LTr, 2004.

---

médica dada pelo INSS, a ré agiu de forma ilícita, o que motiva o reconhecimento da rescisão indireta." (TST, 3ª T., AIRR — 59-31.2012.5.06.0145, Rel. Min. Alberto Luiz Bresciani de Fontan Pereira, DEJT 30.5.2014)

Capítulo 6

Trabalho Decente na Organização Internacional do Trabalho e Direitos Fundamentais Sociais no Estado Democrático de Direito

> *Sumário: 1. Introdução; 2. Organização Internacional do Trabalho; 3. Trabalho decente; 4. Estado Democrático de Direito e direitos sociais; 5. Direitos humanos e direitos fundamentais nas relações de trabalho; 6. Declaração da OIT relativa aos princípios e direitos fundamentais no trabalho; 7. Declaração da OIT sobre a justiça social para uma globalização equitativa; 8. Conclusão; 9. Bibliografia.*

1. Introdução

Este capítulo tem como objetivo analisar o chamado *trabalho decente* no âmbito da Organização Internacional do Trabalho, com destaque aos direitos fundamentais nas relações de trabalho.

O tema está intimamente relacionado à dignidade da pessoa humana nas relações trabalhistas, a qual é considerada o fundamento nuclear do *Estado Democrático de Direito*, revelando a sua nítida importância.

Com esse objetivo, inicialmente, cabe analisar a estrutura da Organização Internacional do Trabalho.

Posteriormente, deve-se verificar o alcance do trabalho decente, essencial à concretização da *cidadania* em seu sentido mais amplo, abrangendo a promoção dos direitos fundamentais sociais no trabalho.

2. Organização Internacional do Trabalho

A Organização Internacional do Trabalho foi instituída pelo Tratado de Versalhes, de 1919, em sua Parte XIII[91].

Posteriormente, a Declaração de Filadélfia, de 1944, complementou aquelas disposições.

Cabe destacar que os países que integram a Organização das Nações Unidas são automaticamente membros da OIT.

A Organização Internacional do Trabalho é composta de três órgãos principais[92].

A *Conferência ou Assembleia Geral* é o órgão de deliberação da OIT, que se reúne no local indicado pelo Conselho de Administração.

A Conferência é constituída pelos Estados-membros, com sessões pelo menos uma vez por ano, nas quais compareçam delegações compostas de forma *tripartite*, ou seja, por membros do governo, representantes dos trabalhadores e dos empregadores.

O seu principal objetivo é o de estabelecer as diretrizes fundamentais a serem observadas no âmbito da OIT, *elaborando as convenções e recomendações*.

O *Conselho de Administração* exerce a função executiva e de administração da Organização Internacional do Trabalho, composto por representantes dos trabalhadores, empregadores e do governo.

Além de se reunir, em regra, três vezes ao ano, elege o Diretor-Geral da Repartição Internacional do Trabalho, bem como institui comissões permanentes ou especiais.

A *Repartição Internacional do Trabalho*, que é a secretaria da OIT, tem como objetivo documentar e divulgar as suas atividades, publicando as convenções

---

(91) Cf. FRANCO FILHO, Georgenor de Sousa. *Curso de direito do trabalho*. São Paulo: LTr, 2015. p. 42.
(92) Cf. GARCIA, Gustavo Filipe Barbosa. *Curso de direito do trabalho*. 9. ed. Rio de Janeiro: Forense, 2015. p. 126.

e recomendações, além de editar publicações sobre temas de interesse sobre o Direito do Trabalho na comunidade internacional.

A Repartição Internacional do Trabalho é dirigida pelo Diretor-Geral.

3. Trabalho decente

O *trabalho decente*, no âmbito da Organização Internacional do Trabalho, abrange quatro objetivos estratégicos, a seguir indicados[93]:

> a) o respeito aos direitos no trabalho, com destaque aos definidos como fundamentais na Declaração relativa aos direitos e princípios fundamentais no trabalho, de 1998, quais sejam: liberdade sindical e reconhecimento efetivo do direito de negociação coletiva, eliminação de todas as formas de trabalho forçado, abolição efetiva do trabalho infantil, eliminação de todas as formas de discriminação em matéria de emprego e ocupação;
>
> b) a promoção do emprego produtivo e de qualidade;
>
> c) a extensão da proteção social;
>
> d) o fortalecimento do diálogo social[94].

Desse modo, o trabalho decente, em síntese, exige que sejam observados os mandamentos considerados essenciais para as relações de labor, ou seja: promover e cumprir as normas e os princípios e direitos fundamentais no trabalho; criar maiores oportunidades para mulheres e homens para que disponham de remuneração e empregos decentes; realçar a abrangência e a eficácia da proteção social para todos; fortalecer o tripartismo e o diálogo social[95].

Quanto ao primeiro aspecto, conforme ainda será analisado com maiores detalhes, cabe ressaltar a Declaração da Organização Internacional do Trabalho sobre os princípios e direitos fundamentais no trabalho, aprovada em 1998.

---

(93)   Disponível em: <http://www.ilo.org/brasilia/temas/trabalho-decente/lang--pt/index.htm>.
(94)   Cf. ALVARENGA, Rúbia Zanotelli de. O trabalho decente como direito humano e fundamental. In: FREDIANI, Yone; ALVARENGA, Rúbia Zanotelli de (org.). *Direitos fundamentais nas relações de trabalho*. São Paulo: LTr, 2015. p. 83.
(95)   ORGANIZAÇÃO INTERNACIONAL DO TRABALHO. *Trabalho decente nas Américas*: uma agenda hemisférica, 2006-2015. Informe do Diretor Geral. XVI Reunião Regional Americana. Brasília, maio de 2006. p. VIII.

Como se pode notar, o trabalho decente é aquele que respeita o princípio da dignidade da pessoa humana nas relações trabalhistas[96].

O trabalho decente exige, portanto, o respeito aos direitos fundamentais do trabalhador[97].

Parte da doutrina indica ainda que, para a sua melhor compreensão, o trabalho decente abrange os seguintes aspectos[98]:

No plano individual:

a) direito ao trabalho, havendo a obrigação do Estado de criar condições para que o trabalhador exerça ocupação que permita a sua subsistência e de sua família;

b) liberdade de escolha do trabalho;

c) igualdade de oportunidades para e no exercício trabalho (ausência de discriminação no ambiente de trabalho e concessão de iguais oportunidades a todos os trabalhadores);

d) direito de exercer o trabalho em condições que preservem a saúde e a segurança do trabalhador no meio ambiente de trabalho;

e) direito a uma justa remuneração, compatível com as atividades desempenhadas pelo trabalhador e suficiente à satisfação de suas necessidades e de sua família;

f) direito a justas condições de trabalho, principalmente quanto à limitação da jornada e ao intervalo destinado a repouso e alimentação;

g) proibição do trabalho infantil, responsável por ocasionar graves complicações para o desenvolvimento físico e mental da criança e do adolescente.

---

(96) Cf. BRITO FILHO, José Cláudio Monteiro de. Trabalho com redução à condição análoga à de escravo: análise a partir do tratamento decente e de seu fundamento, a dignidade da pessoa humana. In: VELLOSO, Gabriel; FAVA, Marcos Neves (coord.). *Trabalho escravo contemporâneo*: o desafio de superar a negação. São Paulo: LTr, 2006. p. 126: "Trabalho decente é aquele em que são respeitados os direitos mínimos dos trabalhadores necessários à preservação de sua dignidade".
(97) Cf. GARCIA, Gustavo Filipe Barbosa. *Competência da justiça do trabalho*. Rio de Janeiro: Forense, 2012. p. 94-96.
(98) Cf. BRITO FILHO, José Cláudio Monteiro de. Trabalho com redução à condição análoga à de escravo: análise a partir do tratamento decente e de seu fundamento, a dignidade da pessoa humana, cit., p. 127-128. Cf. ainda BRITO FILHO, José Cláudio Monteiro de. *Trabalho decente*: análise jurídica da exploração do trabalho: trabalho forçado e outras formas de trabalho indigno. São Paulo: LTr, 2004.

No plano coletivo: liberdade sindical, garantindo-se o livre exercício da atividade sindical.

No plano da Seguridade Social: proteção contra o desemprego e outros riscos sociais.

Assim, de acordo com José Cláudio Monteiro de Brito Filho, o trabalho decente "é um conjunto mínimo de direitos do trabalhador que corresponde: à existência de trabalho; à liberdade de trabalho; à igualdade no trabalho; ao trabalho com condições justas, incluindo a remuneração, e a preservação de sua saúde e segurança; à proibição do trabalho infantil; à liberdade sindical; e à proteção contra os riscos sociais"[99].

4. Estado Democrático de Direito e direitos sociais

A evolução histórica, econômica e cultural da humanidade revela um longo caminho já percorrido, passando por diversos sistemas e regimes de organização social e política, como a antiguidade e o feudalismo, marcados, respectivamente, pelo escravismo e pela servidão, o absolutismo, evoluindo ao Estado Liberal, típico da Revolução Francesa, e ao Estado Social, posterior à Revolução Industrial.

O próprio sistema capitalista passou por diversas fases, como a mercantilista, a industrial, a financeira e a pós-industrial, típica da sociedade da informação e do conhecimento.

A dialética das relações humanas se caracteriza pela superação progressiva dos diferentes modos de produção, com a presença de constantes lutas sociais, em que as classes desfavorecidas, por meio da união de seus integrantes, finalmente conseguem fazer nascer uma nova ordem política, social e econômica.

Mesmo em termos recentes, o Estado Social passou a sofrer críticas mais severas do chamado neoliberalismo, que defende a inviabilidade de sua manutenção, enfatizando os seus elevados custos econômicos, por superar a capacidade financeira da população ativa e das empresas.

Observa-se, assim, a conhecida disputa ideológica a respeito de qual deve ser a intensidade e a abrangência da atuação estatal nas relações sociais e econômicas e o nível de regulação do mercado.

Em verdade, o progresso da civilização resultou na instituição do que conhecemos por Estado Democrático de Direito, cujo fundamento nuclear,

---

(99) BRITO FILHO, José Cláudio Monteiro de. *Trabalho com redução à condição análoga à de escravo:* análise a partir do tratamento decente e de seu fundamento, a dignidade da pessoa humana, cit., p. 128.

assegurado nos planos constitucional e internacional, é a *dignidade da pessoa humana*.

Como conquista histórica da maior relevância, firmou-se a concepção de que o ser humano, para que tenha a vida digna assegurada, necessariamente deve ter garantidos não apenas os direitos individuais, civis e políticos, mas também aqueles voltados às esferas social, econômica, cultural e de solidariedade.

O Estado Democrático de Direito, desse modo, não mais se contenta com a democracia no plano estritamente político e governamental, exigindo a sua ampliação e consolidação em todas as demais esferas da sociedade civil.

Os objetivos fundamentais do Estado Democrático de Direito, assim, incluem a construção de uma sociedade não apenas livre, mas também justa e solidária, com a erradicação da pobreza, a redução das desigualdades sociais e a promoção do bem de todos, como se observa no art. 3º da Constituição da República Federativa do Brasil.

Superam-se, portanto, as antigas disputas entre vertentes neoliberais e assistenciais, uma vez que para se alcançar o bem comum é imprescindível garantir a efetividade também dos direitos sociais, com destaque aos de natureza trabalhista e de seguridade social.

Nesse enfoque, os referidos direitos, ainda que tenham origem na chamada *questão social*, a qual se fez presente na Revolução Industrial, incorporaram-se ao patrimônio jurídico da humanidade, como essenciais à dignidade da pessoa, tendo o papel fundamental de estabelecer limites ao sistema capitalista, no sentido de mantê-lo em consonância e harmonia com o respeito ao valor social do trabalho.

Como se pode notar, a evolução das instituições resultou em ser inquestionável que para a preservação da dignidade da pessoa humana não são suficientes apenas os direitos voltados à livre-iniciativa, à atuação política e à igualdade perante a lei, exigindo-se também a garantia dos direitos sociais, visando à isonomia substancial, com ênfase naqueles que disciplinam as relações de trabalho, em especial o vínculo de emprego, a previdência, a assistência e a saúde.

Logo, cabe reconhecer não só a relevância, mas a imprescindibilidade do Direito Social, até mesmo para se evitar o colapso do atual sistema econômico, em sua busca incessante por maiores lucros, resultando em menores salários e na consequente redução da capacidade de consumo global[100].

---

(100) Cf. SOUTO MAIOR, Jorge Luiz. *Curso de direito do trabalho*: teoria geral do direito do trabalho. São Paulo: LTr, 2011. v. 1, parte 1, p. 583: "O Direito, que assume papel preponderante na formação de uma ordem para o capitalismo, é o Direito Social, um Direito que não apenas

5. Direitos humanos e direitos fundamentais nas relações de trabalho

Quanto ao tema em estudo, cabe o registro que de parte da doutrina faz distinção entre os *direitos humanos* e os *direitos fundamentais*[101].

Nesse sentido, os direitos humanos são aqueles assim reconhecidos independentemente de sua positivação no ordenamento jurídico constitucional, bastando ter a essência de direitos de magnitude superior, pertinentes a aspectos de maior relevância para a pessoa humana.

A expressão seria própria da regulação da matéria na esfera do Direito Internacional, ao tratar do tema em declarações, tratados e convenções internacionais.

Os direitos fundamentais, por sua vez, são aqueles direitos humanos previstos e assegurados, de modo formal, no ordenamento jurídico constitucional de determinado Estado, contando com expressa positivação.

De todo modo, na realidade, os direitos humanos e fundamentais não se limitam àqueles expressamente arrolados nos diferentes textos normativos, tendo em vista não só o inter-relacionamento entre os sistemas jurídicos nacional, comunitário e internacional, mas também a verificação de que há direitos implícitos ao sistema, dotados de natureza fundamental.

Os direitos humanos e fundamentais abrangem os *direitos sociais*, como a educação, a saúde, a alimentação, o trabalho, a moradia, o transporte, o lazer, a segurança, a previdência social, a proteção à maternidade e à infância, a assistência aos desamparados, cabendo aqui destacar os direitos trabalhistas e previdenciários[102].

O objetivo, no caso, é de corrigir as desigualdades sociais e econômicas, procurando solucionar os graves problemas decorrentes da "questão social", surgida com a Revolução Industrial.

Com o término da Primeira Guerra Mundial, surge o chamado *constitucionalismo social*, significando a inclusão, nas constituições, de disposições

---

reprime condutas indesejáveis, pensadas na perspectiva dos interesses exclusivos de uma classe dominante, mas que se volta ao objetivo concreto de estabelecer limites ao capital, conferindo retornos econômicos à sociedade para viabilização de projetos atinentes à política de emprego e do seguro social, ao mesmo tempo em que organiza o processo produtivo, preservando a dignidade do trabalhador, que é elemento essencial na produção das riquezas, e fixando regramentos para a concorrência".
(101)   Cf. SARLET, Ingo Wolfgang. *A eficácia dos direitos fundamentais*. 7. ed. Porto Alegre: Livraria do Advogado, 2007. p. 33-42. Sobre as diferentes terminologias a respeito do tema, cf. ainda SILVA, José Afonso da. *Curso de direito constitucional positivo*. 10. ed. São Paulo: Malheiros, 1994. p. 174-177.
(102)   Cf. COMPARATO, Fábio Konder. *A afirmação histórica dos direitos humanos*. 3. ed. São Paulo: Saraiva, 2004. p. 52-54.

pertinentes à defesa de interesses sociais, inclusive garantindo direitos trabalhistas.

A primeira Constituição que dispôs sobre direitos sociais e dos trabalhadores foi a do México, de 1917.

A segunda Constituição a dispor sobre o tema foi a da Alemanha, de Weimar, de 1919, com repercussão na Europa e no Ocidente.

Observa-se a consagração de direitos econômicos, sociais e culturais, vistos como inerentes ao Estado Social, objetivando a igualdade[103], sob o enfoque material.

Quanto ao tema em estudo, como assevera Mauricio Godinho Delgado:

> "O Direito do Trabalho corresponde à dimensão social mais significativa dos Direitos Humanos, ao lado do Direito Previdenciário (ou de Seguridade Social). É por meio desses ramos jurídicos que os Direitos Humanos ganham maior espaço de evolução, ultrapassando as fronteiras originais, vinculadas basicamente à dimensão da liberdade e intangibilidade física e psíquica da pessoa humana."[104]

Os direitos fundamentais sociais decorrem da dignidade humana e geram poderes de exigir prestações positivas concretas do sujeito passivo, no caso, a sociedade representada pelo Estado[105].

Os direitos trabalhistas, de forma mais específica, são normalmente exercidos em face dos empregadores, mas garantidos pelo poder público, justamente por serem essenciais ao Estado Democrático de Direito.

Nesse enfoque, constituem objetivos fundamentais da República Federativa do Brasil: construir uma sociedade livre, justa e solidária; garantir o desenvolvimento nacional; erradicar a pobreza e a marginalização e reduzir as desigualdades sociais e regionais; promover o bem de todos, sem preconceitos de origem, raça, sexo, cor, idade e quaisquer outras formas de discriminação (art. 3º da Constituição Federal de 1988).

6. Declaração da OIT relativa aos princípios e direitos fundamentais no trabalho

Como já mencionado, um dos aspectos abrangidos pelo trabalho decente é o respeito aos direitos fundamentais no trabalho.

---

(103)   Cf. SILVA, José Afonso da. *Curso de direito constitucional positivo*, cit., p. 277.
(104)   DELGADO, Mauricio Godinho. *Curso de direito do trabalho*. 11. ed. São Paulo: LTr, 2012. p. 81-82.
(105)   Cf. FERREIRA FILHO, Manoel Gonçalves. *Direitos humanos fundamentais*. 7. ed. São Paulo: Saraiva, 2005. p. 49-50.

Cabe, assim, ressaltar que a Organização Internacional do Trabalho, na 86ª sessão da sua Conferência Internacional do Trabalho, em junho de 1998, aprovou a Declaração relativa aos princípios e direitos fundamentais no trabalho[106].

No referido documento, foram ressaltados importantes preceitos, a seguir indicados:

— a criação da OIT procede da convicção de que a justiça social é essencial para garantir a paz universal e permanente;

— o crescimento econômico é essencial, mas insuficiente, para assegurar a equidade, o progresso social e a erradicação da pobreza, o que confirma a necessidade de que a OIT promova políticas sociais sólidas, justiça e instituições democráticas;

— a OIT deve mobilizar o conjunto de seus meios de ação normativa, de cooperação técnica e de investigação em todos os âmbitos de sua competência, e em particular no âmbito do emprego, a formação profissional e as condições de trabalho, a fim de que no âmbito de uma estratégia global de desenvolvimento econômico e social as políticas econômicas e sociais se reforcem mutuamente com vistas à criação de um desenvolvimento sustentável de ampla base;

— a OIT deve prestar especial atenção aos problemas de pessoas com necessidades sociais especiais, em particular os desempregados e os trabalhadores migrantes, mobilizar e estimular os esforços nacionais, regionais e internacionais encaminhados à solução de seus problemas, e promover políticas eficazes destinadas à criação de emprego;

— com o objetivo de manter o vínculo entre progresso social e crescimento econômico, a garantia dos princípios e direitos fundamentais no trabalho se reveste de importância e significado especiais ao assegurar aos próprios interessados a possibilidade de reivindicar livremente e em igualdade de oportunidades uma participação justa nas riquezas a cuja criação tem contribuído, assim como a de desenvolver plenamente seu potencial humano;

— a OIT é a organização internacional e o órgão competente para estabelecer normas internacionais do trabalho, gozando de apoio e reconhecimento universais na *promoção dos direitos fundamentais no trabalho como expressão de seus princípios constitucionais.*

---

(106) Disponível em: <http://www.ilo.org/public/english/standards/declaration/declaration_portuguese.pdf>.

Desse modo, a Conferência Internacional do Trabalho ressalta que no momento de incorporar-se livremente à OIT, todos os Estados-Membros aceitaram os princípios e direitos enunciados em sua Constituição e na Declaração de Filadélfia, e se comprometeram a esforçar-se por alcançar os objetivos gerais da Organização na medida de suas possibilidades e atendendo a suas condições específicas.

Esses princípios e direitos, ademais, têm sido expressados e desenvolvidos sob a forma de direitos e obrigações específicos em convenções que foram reconhecidas como fundamentais dentro e fora da Organização.

Declara, assim, que todos os Estados-Membros, *ainda que não tenham ratificado as Convenções aludidas*, têm um compromisso derivado do fato de pertencer à Organização de respeitar, promover e tornar realidade, de boa-fé e de conformidade com a Constituição da OIT, os princípios relativos aos direitos fundamentais que são objeto dessas Convenções, isto é:

    a) a liberdade sindical e o reconhecimento efetivo do direito de negociação coletiva;

    b) a eliminação de todas as formas de trabalho forçado ou obrigatório;

    c) a abolição efetiva do trabalho infantil;

    d) a eliminação da discriminação em matéria de emprego e ocupação[107].

Vejamos, assim, as principais Convenções da OIT, consideradas fundamentais e cuja ratificação merece prioridade[108].

    a) No que se refere à *liberdade sindical* e ao *reconhecimento da negociação coletiva*, cabe destacar as seguintes normas internacionais da OIT, consideradas fundamentais na matéria mencionada:

    — Convenção n. 87, de 1948, sobre a liberdade sindical;

    — Convenção n. 98, de 1949, sobre direito de organização e negociação coletiva.

---

(107)   Cf. GUNTHER, Luiz Eduardo. O trabalho decente como paradigma da humanidade no século XXI. In: GARCIA, Gustavo Filipe Barbosa; ALVARENGA, Rúbia Zanotelli de (org.). *Direito do trabalho e direito empresarial sob o enfoque dos direitos fundamentais*. São Paulo: LTr, 2015. p. 32-33.
(108)   Cf. SÜSSEKIND, Arnaldo. *Direito internacional do trabalho*. 3. ed. São Paulo: LTr, 2000. p. 319.

b) Quanto à *eliminação de todas as formas de trabalho forçado ou obrigatório*, cabe destacar as seguintes normas internacionais da OIT, consideradas fundamentais:

— Convenção n. 29, de 1930, em que os Estados assumem o compromisso fundamental de suprimir o emprego de trabalho forçado ou obrigatório em todas as suas formas;

— Convenção n. 105, de 1957, de acordo com a qual o Estado que a ratifica se obriga a suprimir e a não fazer uso de toda forma de trabalho forçado ou obrigatório nos seguintes casos: 1) como meio de coerção ou de educação política ou como punição por ter ou expressar opiniões políticas ou posições ideologicamente opostas ao sistema político, social e econômico vigente; 2) como método de mobilização e utilização da mão de obra com fins de desenvolvimento econômico; 3) como medida de disciplina no trabalho; 4) como punição por haver participado de greves; 5) como medida de discriminação racial, social, nacional ou religiosa.

c) No que tange à *abolição efetiva do trabalho infantil*, as Convenções da OIT consideradas fundamentais são as seguintes:

— Convenção n. 138, de 1973, que objetiva universalizar a idade de 15 anos como limite mínimo para o trabalho (podendo o país, cuja economia e meios de educação ainda sejam insuficientemente desenvolvidos, fixar essa idade mínima em 14 anos, após prévia consulta às organizações de empregadores e trabalhadores interessados), devendo os Estados-Membros da OIT adotar uma política nacional para abolir o trabalho infantil e elevar progressivamente a idade mínima de admissão ao emprego, favorecendo o pleno desenvolvimento físico e mental do jovem;

— Convenção n. 182, de 1999, sobre as piores formas de trabalho infantil (considerando criança toda pessoa com idade inferior a 18 anos), quais sejam: 1) todas as formas de escravidão ou de práticas análogas à escravidão; 2) utilização, recrutamento ou oferta de crianças para prostituição, produção ou atuações pornográficas ou para atividades ilícitas, em particular a produção e o tráfico de entorpecentes; 3) trabalho que possa causar danos à saúde, segurança ou moralidade das crianças.

d) A respeito da *eliminação da discriminação em matéria de emprego e ocupação*, cabe destacar as seguintes Convenções da OIT, consideradas fundamentais:

— Convenção n. 100, de 1951, dispondo sobre a igualdade de remuneração entre homens e mulheres por um trabalho de igual valor;

— Convenção n. 111, de 1958, fomentando a promoção da igualdade de oportunidades e de tratamento, com vistas a eliminar qualquer discriminação, distinção, exclusão ou preferência no emprego e na profissão.

7. Declaração da OIT sobre a justiça social para uma globalização equitativa

A Conferência Internacional do Trabalho, reunida em Genebra durante sua 97ª reunião, adotou, em 10 de junho de 2008, a Declaração sobre a justiça social para uma globalização equitativa[109].

Trata-se de relevante Declaração, que leva em consideração o contexto atual da *globalização*, caracterizado pela difusão de novas tecnologias, circulação das ideias, intercâmbio de bens e serviços, crescimento da movimentação de capital e de fluxos financeiros, internacionalização do mundo dos negócios e dos seus processos, bem como pelo aumento do diálogo e da circulação de pessoas, especialmente trabalhadoras e trabalhadores, que transforma profundamente o mundo do trabalho.

Reconhece-se, assim, que, nessas circunstâncias, impõe-se alcançar melhores resultados, equitativamente repartidos entre todos, para dar resposta à aspiração universal de *justiça social*, atingir o *pleno emprego*, garantir a sustentabilidade de sociedades abertas e da economia global, assegurar a coesão social e combater a pobreza e as crescentes desigualdades.

Nesse enfoque, a Organização Internacional do Trabalho desempenha papel fundamental na *promoção e conquista do progresso e da justiça social* em um ambiente em constante evolução.

Aponta-se o reconhecimento da comunidade internacional de que *o trabalho decente é um meio eficaz de enfrentar os desafios da globalização*.

Frisa-se ainda que, com a convicção de que em um contexto mundial marcado por uma *interdependência e complexidade crescentes*, assim como pela *internacionalização da produção*:

— os valores fundamentais de liberdade, dignidade humana, justiça social, seguridade e não discriminação são essenciais para um

---

(109) Disponível em: <http://www.oitbrasil.org.br/node/213>.

desenvolvimento e uma eficácia sustentáveis em matéria econômica e social;

— o diálogo social e a prática do *tripartismo* entre os governos e as organizações representativas de trabalhadores e de empregadores, tanto no plano nacional como internacional se tornam ainda mais vigentes para alcançar soluções e fortalecer a coesão social e o Estado de direito, entre outros meios, mediante as normas internacionais do trabalho;

— a importância da relação de trabalho deve ser reconhecida como meio de oferecer proteção jurídica aos trabalhadores;

— as empresas produtivas, rentáveis e sustentáveis, junto com uma economia social sólida e um setor público viável, são fundamentais para um desenvolvimento econômico e oportunidades de emprego sustentáveis;

— a Declaração tripartite de princípios sobre as empresas multinacionais e a política social (1977) revisada, que analisa o crescente papel desses atores na consecução dos objetivos da Organização Internacional do Trabalho, continua pertinente e relevante.

Desse modo, a Conferência Internacional do Trabalho reconhece e declara os aspectos a seguir indicados.

Em um contexto marcado por mudanças aceleradas, os compromissos e esforços dos Estados-Membros e da Organização Internacional do Trabalho visando a colocar em prática o mandamento constitucional da OIT, particularmente por meio das normas internacionais do trabalho, e para situar o *pleno emprego produtivo* e o *trabalho decente* como elemento central das políticas econômicas e sociais, devem basear-se nos quatro igualmente importantes objetivos estratégicos da OIT, sobre os quais se articula a *Agenda do Trabalho Decente,* os quais podem resumir-se da seguinte forma:

a) *promover o emprego* criando um ambiente institucional e econômico sustentável de forma que:

— os indivíduos possam adquirir e atualizar as capacidades e competências necessárias que permitam trabalhar de maneira produtiva para sua própria realização pessoal e bem-estar coletivo;

— o conjunto de empresas, tanto públicas como privadas, sejam sustentáveis com o fim de favorecer o crescimento e a criação de maiores possibilidades e perspectivas de emprego e renda para todos;

— as sociedades possam alcançar seus objetivos de desenvolvimento econômico e de progresso social, bem como alcançar um bom nível de vida.

b) adotar e ampliar medidas de *proteção social* (seguridade social e proteção dos trabalhadores) que sejam sustentáveis e estejam adaptadas às circunstâncias nacionais, e particularmente:

— extensão da seguridade social a todos os indivíduos, incluindo medidas para proporcionar ingressos básicos àqueles que precisem dessa proteção e a adaptação de seu alcance e cobertura para responder às novas necessidades e incertezas geradas pela rapidez dos avanços tecnológicos, sociais, demográficos e econômicos;

— condições de trabalho que preservem a saúde e segurança dos trabalhadores;

— possibilidades para todos de uma participação equitativa em matéria de salários e benefícios, jornada e outras condições de trabalho, bem como um salário mínimo vital para todos aqueles que têm um emprego e precisam dessa proteção.

c) promover o *diálogo social* e *tripartismo* como os métodos mais apropriados para:

— adaptar a aplicação dos objetivos estratégicos às necessidades e circunstâncias de cada país;

— transformar o desenvolvimento econômico em progresso social e o progresso social em desenvolvimento econômico;

— facilitar a formação de consenso sobre as políticas nacionais e internacionais pertinentes que incidem nas estratégias e programas de emprego e trabalho decente;

— fomentar a efetividade da legislação e as instituições de trabalho, em particular o reconhecimento da relação de trabalho, a promoção de boas relações profissionais e o estabelecimento de sistemas eficazes de inspeção do trabalho.

d) respeitar, promover e aplicar os *princípios e direitos fundamentais no trabalho*, que são de particular importância, não só como direitos, mas como condições necessárias para a plena realização dos objetivos estratégicos, tendo em vista que:

— a liberdade de associação e liberdade sindical e o reconhecimento efetivo do direito de negociação coletiva são particularmente importantes para alcançar esses quatro objetivos estratégicos;

— a violação dos princípios e direitos fundamentais no trabalho não pode ser invocada nem utilizada como legítima vantagem comparativa e as normas do trabalho não devem servir aos fins comerciais protecionistas.

Os quatro objetivos estratégicos são indissociáveis, interdependentes e se reforçam mutuamente.

Desse modo, a falta de promoção de qualquer um deles prejudicaria a realização dos demais.

Para obter maior impacto, os esforços destinados a promovê-los devem compor uma estratégia global e integrada da OIT em benefício do *trabalho decente*.

A igualdade entre homens e mulheres e a não discriminação devem ser consideradas questões transversais no marco dos objetivos estratégicos mencionados anteriormente.

Cabe a cada Estado-Membro, sem prejuízo das obrigações a que está sujeito e dos princípios e direitos fundamentais no trabalho, determinar como alcançar os objetivos estratégicos, tendo em conta, entre outros:

a) as condições e circunstâncias nacionais, assim como necessidades e prioridades expressadas pelas organizações representativas de empregadores e trabalhadores;

b) a interdependência, solidariedade e cooperação entre todos os Estados-Membros da OIT que são mais pertinentes que nunca, no contexto de uma economia globalizada;

c) os princípios e disposições das normas internacionais do trabalho.

8. Conclusão

O presente estudo teve como objetivo analisar os aspectos de maior relevância sobre o *trabalho decente*, o qual deve ser buscado como forma de proteção dos direitos fundamentais sociais, sintetizados no princípio da dignidade da pessoa humana no âmbito das relações de trabalho e considerados essenciais ao exercício mais amplo da cidadania no Estado Democrático de Direito.

Trata-se de objetivo essencial, desenvolvido e defendido pela Organização Internacional do Trabalho, cabendo a cada Estado-Membro tomar as medidas necessárias para o respeito dos diversos preceitos abrangidos.

Nesse contexto, merecem destaque a Declaração relativa aos princípios e direitos fundamentais no trabalho, de 1998, e a Declaração sobre a justiça social para uma globalização equitativa, de 2008, ambas da OIT.

De todo modo, apesar de relevante, não basta apenas declarar formalmente o direito ao trabalho decente, sendo imprescindível garantir, proteger e promover, nas esferas nacional e internacional, todos os requisitos e elementos inerentes à sua efetiva e concreta observância.

9. Bibliografia

ALVARENGA, Rúbia Zanotelli de. O trabalho decente como direito humano e fundamental. In: FREDIANI, Yone; ALVARENGA, Rúbia Zanotelli de (org.). *Direitos fundamentais nas relações de trabalho*. São Paulo: LTr, 2015.

BRITO FILHO, José Cláudio Monteiro de. Trabalho com redução à condição análoga à de escravo: análise a partir do tratamento decente e de seu fundamento, a dignidade da pessoa humana. In: VELLOSO, Gabriel; FAVA, Marcos Neves (coord.). *Trabalho escravo contemporâneo*: o desafio de superar a negação. São Paulo: LTr, 2006.

_____ . *Trabalho decente*: análise jurídica da exploração do trabalho: trabalho forçado e outras formas de trabalho indigno. São Paulo: LTr, 2004.

COMPARATO, Fábio Konder. *A afirmação histórica dos direitos humanos*. 3. ed. São Paulo: Saraiva, 2004.

DELGADO, Maurício Godinho. *Curso de direito do trabalho*. 11. ed. São Paulo: LTr, 2012.

FERREIRA FILHO, Manoel Gonçalves. *Direitos humanos fundamentais*. 7. ed. São Paulo: Saraiva, 2005.

FRANCO FILHO, Georgenor de Sousa. *Curso de direito do trabalho*. São Paulo: LTr, 2015.

GARCIA, Gustavo Filipe Barbosa. *Competência da justiça do trabalho*. Rio de Janeiro: Forense, 2012.

_____ . *Curso de direito do trabalho*. 9. ed. Rio de Janeiro: Forense, 2015.

GUNTHER, Luiz Eduardo. O trabalho decente como paradigma da humanidade no século XXI. In: GARCIA, Gustavo Filipe Barbosa; ALVARENGA, Rúbia Zanotelli de (org.). *Direito do trabalho e direito empresarial sob o enfoque dos direitos fundamentais*. São Paulo: LTr, 2015.

ORGANIZAÇÃO INTERNACIONAL DO TRABALHO. *Trabalho decente nas Américas*: uma agenda hemisférica, 2006-2015. Informe do Diretor Geral. XVI Reunião Regional Americana. Brasília, maio de 2006.

SARLET, Ingo Wolfgang. *A eficácia dos direitos fundamentais*. 7. ed. Porto Alegre: Livraria do Advogado, 2007.

SOUTO MAIOR, Jorge Luiz. *Curso de direito do trabalho*: teoria geral do direito do trabalho. São Paulo: LTr, 2011. v. 1, parte 1.

SILVA, José Afonso da. *Curso de direito constitucional positivo*. 10. ed. São Paulo: Malheiros, 1994.

SÜSSEKIND, Arnaldo. *Direito internacional do trabalho*. 3. ed. São Paulo: LTr, 2000.

LOJA VIRTUAL
www.ltr.com.br

E-BOOKS
www.ltr.com.br